W9-CBK-009

Worldwide Acclaim for Sudoku

"Diabolically addictive."
—*New York Post*

"A puzzling global phenomenon."
—*The Economist*

"The biggest craze to hit *The Times* since the first crossword puzzle was published in 1935."
—*The Times* of London

"England's most addictive newspaper puzzle."
—*New York* magazine

"The latest craze in games."
—BBC News

"Sudoku is dangerous stuff. Forget work and family—think papers hurled across the room and industrial-sized blobs of correction fluid. I love it!"
—*The Times* of London

"Sudoku are to the first decade of the twenty-first century what Rubik's Cube was to the 1970s."
—*The Daily Telegraph*

"Britain has a new addiction. Hunched over newspapers on crowded subway trains, sneaking secret peeks in the office, a puzzle-crazy nation is trying to slot numbers into small checkerboard grids."
—Associated Press

"Forget crosswords."
—*The Christian Science Monitor*

Will Shortz Presents
The Monster Book of

SUDOKU

Also Available

Sudoku Easy Presented by Will Shortz, Volume 1

Sudoku Easy to Hard Presented by Will Shortz, Volume 2

Sudoku Easy to Hard Presented by Will Shortz, Volume 3

The Ultimate Sudoku Challenge Presented by Will Shortz

Sudoku for Your Coffee Break Presented by Will Shortz

Sudoku to Boost Your Brainpower Presented by Will Shortz

Will Shortz Presents Sun, Sand, and Sudoku

Will Shortz's Favorite Sudoku Variations

Kakuro Presented by Will Shortz

Will Shortz Presents Easy Kakuro

For Sudoku Lovers: 300 Puzzles in Just One Book!

The Giant Book of Sudoku Presented by Will Shortz

Will Shortz Presents The Super-Colossal Book of Sudoku

Try These Convenient, Portable Volumes

Pocket Sudoku Presented by Will Shortz, Volume 1

Pocket Sudoku Presented by Will Shortz, Volume 2

Pocket Sudoku Presented by Will Shortz, Volume 3

Pocket Sudoku Presented by Will Shortz, Volume 4

Will Shortz Presents The Monster Book of SUDOKU

300 WORDLESS CROSSWORD PUZZLES

EDITED BY
WILL SHORTZ

PUZZLES BY
PZZL.COM

ST. MARTIN'S GRIFFIN
NEW YORK

WILL SHORTZ PRESENTS THE MONSTER BOOK OF SUDOKU. Copyright © 2006 by Will Shortz. The puzzles in this volume have previously appeared in *Sudoku Easy Presented by Will Shortz, Volume 1; Sudoku Easy to Hard Presented by Will Shortz, Volume 2; Sudoku Easy to Hard Presented by Will Shortz, Volume 3; The Ultimate Sudoku Challenge Presented by Will Shortz; Sudoku for Your Coffee Break Presented by Will Shortz;* and *Sudoku to Boost Your Brainpower Presented by Will Shortz.* All rights reserved. Printed in the United States of America. No part of this book may be used or reproduced in any manner whatsoever without written permission except in the case of brief quotations embodied in critical articles or reviews. For information, address St. Martin's Press, 175 Fifth Avenue, New York, N.Y. 10010.

www.stmartins.com

ISBN 0-312-36269-2
EAN 978-0-312-36269-0

10 9 8 7 6 5 4 3 2

Introduction

More than a century ago the great American puzzlemaker Sam Loyd listed four minimal criteria a puzzle must have in order to spark a craze: The invention must be "entirely new," its name must not bear the slightest resemblance to anything that has gone before, its object must be evident to the average person at a glance, and the thing must be so engaging that it "will make a person study over it until he is mad with himself."

By these criteria, sudoku has all the makings of a craze—which, in fact, it has become during the past year worldwide. The idea is so simple that it can be explained in a sentence. Nothing like it has ever been seen before. The very name "sudoku" (pronounced "soo-DOH-koo," and meaning, loosely, "single number" in Japanese) is exotic and appealing. And as nearly anyone who has tried sudoku will attest, the puzzle is utterly addictive. When you finish one, you immediately want to do more—better and faster. Moreover, you can spend weeks doing sudoku and not understand all the subtle solving strategies. Even for experts it remains mysterious and fascinating.

This book contains 300 sudoku puzzles carefully calibrated for difficulty and arranged in approximate order of difficulty, from very easy (#1) to brain-bustingly hard (#298). The last two (#299–#300) are giant 12×12 sudoku.

All the puzzles can be solved using certain, step-by-step logic. You never have to guess and hope the path you have chosen is correct.

The sudoku puzzles in this book were created by Peter Ritmeester and the staff of PZZL.com, an Internet-based company specializing in puzzles and games. Peter is the general secretary of the World Puzzle Federation and a onetime director of the annual World Puzzle Championship, which is devoted mainly to logical puzzles like sudoku.

Now, if you're ready, get out a sharpened pencil with an eraser (you'll need it), and have at it!

—Will Shortz

How to Solve Sudoku

A sudoku puzzle consists of a 9 × 9-square grid subdivided into nine 3 × 3 boxes. Some of the squares contain numbers. The object is to fill in the remaining squares so that every row, every column, and every 3 × 3 box contains each of the numbers from 1 to 9 exactly once.

Solving a sudoku puzzle involves pure logic. No guesswork is needed—or even desirable. Getting started involves mastering just a few simple techniques.

Take the example on this page (in which we've labeled the nine 3 × 3 boxes A to I as shown). Note that the boxes H and I already have 8's filled in, but box G does not. Can you determine where the 8 goes here?

5	8	6					1	2
				5	2	8	6	
2	4		8	1				3
			5		3		9	
				8	1	2	4	
4		5	6			7	3	8
	5		2	3			8	1
7					8			
3	6				5			

A	B	C
D	E	F
G	H	I

The 8 can't appear in the top row of squares in box G, because an 8 already appears in the top row of I—and no number can be repeated in a row. Similarly, it can't appear in the middle row of G, because an 8 already appears in the middle row of H. So, by process of elimination, an 8 must appear in the bottom row of G. Since only one square in this row is empty—next to the 3 and 6—you have your first answer. Fill in an 8 to the right of the 6.

Next, look in the three left-hand boxes of the grid, A, D, and G. An 8 appears in both A and G (the latter being the one you just entered). In box A, the 8 appears in the middle column, while in G the 8 appears on the right. By elimination, in box D, an 8 must go in the leftmost column. But which square? The column here has two squares open.

The answer is forced by box E. Here an 8 appears in the middle row. This means an 8 cannot appear in the middle row of D. Therefore, it must appear in the top row of the leftmost column of D. You have your second answer.

In solving a sudoku, build on the answers you've filled in as far as possible—left, right, up, and down—before moving on.

For a different kind of logic, consider the sixth row of numbers—4, ?, 5, 6, ?, ?, 7, 3, 8. The missing numbers must be 1, 2, and 9, in some order. The sixth square can't be a 1, because box E already has a 1. And it can't be a 2, because a 2 already appears in the sixth column in box B. So the sixth square in the sixth row has to be a 9. Fill this in.

Now you're left with just 1 and 2 for the empty squares of this row. The fifth square can't be a 1, because box E already has a 1. So the fifth square must be a 2. The second square, by elimination, has a 1. Voilà! Your first complete row is filled in.

Box E now has only two empty squares, so this is a good spot to consider next. Only the 4 and 7 remain to be filled in. The leftmost square of the middle row can't be a 4, because a 4 already appears in this row in box F. So it must be 7. The remaining square must be 4. Your first complete box is done.

One more tip, and then you're on your own.

Consider 3's in the boxes A, B, and C. Only one 3 is filled in—in the third row, in box C. In box A you don't have enough information to fill in a 3 yet. However, you know the 3 can't appear in A's bottom row, because 3 appears in the bottom row of C. And it can't appear in the top row, because that row is already done. Therefore, it must appear in the middle row. Which square you don't know yet. But now, by elimination, you do know that in box B a 3 must appear in the top row. Specifically, it must appear in the fourth column, because 3's already appear in the fifth and sixth columns of E and H. Fill this in.

Following logic, using these and other techniques left for you to discover, you can work your way around the grid, filling in the rest of the missing numbers. The complete solution is shown below.

5	8	6	3	7	4	9	1	2
1	3	7	9	5	2	8	6	4
2	4	9	8	1	6	5	7	3
8	7	2	5	4	3	1	9	6
6	9	3	7	8	1	2	4	5
4	1	5	6	2	9	7	3	8
9	5	4	2	3	7	6	8	1
7	2	1	4	6	8	3	5	9
3	6	8	1	9	5	4	2	7

Remember, don't guess. Be careful not to repeat a number where you shouldn't, because a wrong answer may force you to start over. And don't give up. Soon you'll be a sudoku master!

Will Shortz Presents
The Monster Book of

SUDOKU

Light and Easy 1

		9					2	3
5	6	8		7				
3		4	1			8		
			9			3		
8	7				1		5	
	9		4			6	1	
9			7		4			
	3		5	2	6			1
		2			3			

2 Light and Easy

3	5	1	2	6				
4	9				8	1	6	
8		6	1			5	3	7
5		4				9	2	
7		9	6			8		
6			5	4				1
				2		6		
9	6					2		3
			8					5

Light and Easy 3

				6				
	6	3					1	
5	1		8	3		9	2	
				8		6		7
				5			3	
1		2						
	2	5	3			7	9	
			5		9	2	4	8
						3		

4 Light and Easy

	7		5	2		9	8	
3						6	2	
1			3					5
8			1			4		
	5	9	8					2
	3				4			
		3		4				6
	4					5		
	8					1	7	

Light and Easy 5

				7			1	5
		2						
	5	8	9		6			3
1	3	4	5					7
	6	7		3	9			2
	2	5					6	4
			8	2	3			
							3	6
4	9	3				2		

6 Light and Easy

	9		1	3				
		7	4				6	1
		5	8					3
4				6				7
7	1	2	9				8	6
		9				4	3	
	8					7	4	5
			5					
				9			2	

Light and Easy 7

	7				9			
			4	5	3			
1								
						2		
9	5		2				6	
6			3	4				5
			6				5	3
	2		5	8	7			
	8							6

8 Light and Easy

			8	6			5	7
		9			5	2	4	
		7			9		3	8
5	6	2		1		8		
		8	7		4	5	1	6
	4	1	5			3	2	
			1	5			6	
		5		9				2
2		6				1		

Light and Easy 9

	4	5	8	9				6
	2					9		
						7	2	5
5		7	9		6			2
	3			8				
	1		7	2		5		9
4			5	3				
	9	6	1					
3		1	2	6		8		

10 Light and Easy

	1							2
			3					
		9			7	6		
3							2	
1			8				5	
6			5		9	4	7	
8			1		6			
			7					8
7	6		4	2		3		

Light and Easy 11

			5	3			6	
		6	9	8	2	4		
8	3				1			
4	7	9	8					2
		5	2	1	4		7	
	1		6			5		
7						8		
5						3	2	1
3	6	4		2	8			5

12 Light and Easy

8	9							2
	7	4	1			8		
1			3		8	7		9
6				2				
				5			8	3
	8	2		3	9	6	7	
9	5							8
	1					9	3	
		3		8			2	

Light and Easy 13

						3	2	6
		7						8
3							5	
			4	6		5		
7	9							
	8				5			
	1		6	9				7
		2				4		3
9			3	2			1	

14 Light and Easy

4	8		9	3	5			
1			2	6				
3						7		
		8		9	1	6	3	
						9		
			3		6	5	4	
9			6					
		6		4			7	
		3		1	8			

Light and Easy 15

	1							
	5		6	1		7	9	
4			7					
	8		2					
2			3	7			5	
1					6		8	4
		4				3		
7				3	5			
	6		9		2			

16 Light and Easy

3	8			7				
	6		5				4	
		7			6			
7	1	2			3	6		
9								8
					4			1
5		9		6		4	3	7
				2	9	5		

Light and Easy 17

2	7		4		8			6
4				6				3
	9	6	7		2	4		5
	6	4	5					
			9					4
7	1		6	4	3	8	5	2
					5	6		
5					6		3	9
	2	1			4			8

18 Light and Easy

	9	4	8		5			
		5	2	1	7	3		
				6		5	8	7
	1					2	3	
3			6			1		5
2			1	9				
9		1		8	6	7		
5		2		7				3
6	3	7		2	4			

Light and Easy 19

		7		6			3	
9						1	4	
	6	4			5			
1					8			5
			5	7		9	1	
5	3	9		4			6	
6				5	1		7	2
2				3	7	6		1
			6					

20 Light and Easy

3	4					2		
1	2				8	7		
7			1				6	8
4		5		7		1		
						3		5
				6			2	7
		1			6			
9					5		1	2
5		4			9			

Light and Easy 21

	6			8	7	9		
	3		4	9				
		9					4	5
				4		1		
				7			5	
	8		6				3	4
5								
4	7		2	1				
			9		3		8	

22 Light and Easy

	5	3	6					7
					1	9		
			8	3	4	6		
9				2			7	
7						8		
8		6	9		7			
		2						4
				1		7	5	
3		4				1		

			1	2	7			3
		2	3			1	4	
		1	5					
		4	7		3		6	
	6	3		4			5	2
5				6	9		3	1
2	7		4	3		6		9
3		9			8	5		
		5		7			8	4

24 Light and Easy

6					4		9	
		5	6		9	2		
						3		6
4			5		3			2
	1	3		7		8		
2		7		8	6		4	
7	2	8					5	
5	9					1		
								7

Light and Easy 25

1	4			5	3	6		
				7				
	5	6				7		
8		9		6	1		2	
7			9					
					8		1	
				9				
	6	3		1		4	5	
	7	1		3			6	

26 Light and Easy

			9		7	5	4	8
9		5		6			2	1
	7			5	2	9	6	
2	5		3	8	9	4		
					6			
7	9						8	
				4		8	1	
8			5	7	1	6		4
1				9	8		5	7

Light and Easy 27

			6	3	7		1	5
1		4	8				7	3
		3	1		4	9	2	
5	1		4		3			
		2			6		4	
4		7		2			5	
9					5			
6					8	7		
3				6		5	8	4

28 Light and Easy

		4	6					3
2		8			9	1		4
		7			3	9		
9						6		
	6	2		4		3	5	
	4		7					8
7	2	5						
				9				
				8	5		2	

5			9			2		
7					6		9	8
	9		7		3		5	6
				9	7	4	6	
			3					
				4		7		
				3				
				1	5	6	4	
4		2					8	

30 Light and Easy

1					9		3	5
				6		2		
			7					
	9			8				
				1	6	3	7	
	4				7	5		
7		4	6	9		1		
	8	6	3				5	7
9						4		

Light and Easy 31

6		9					1	
	3				5		4	
	2	7	9			8		
			1				2	
				3	4			
			7	6	2	1		
1	6	5				2		3
	7			1				
		8				5	7	

32 Light and Easy

								6
			2	9	6	1	4	
4	6				3	5	2	
		8						5
1	3		4	5		8		
		2		6	8		9	7
	8		6	7	5		3	
		6				9		4
2	5		9		4	6		8

Light and Easy 33

			5					7
					1	6		
3	2			4	8			1
2	9						1	5
	7	1			3			4
	8		2		9	3		
			4	6				
1	3				7			

34 Light and Easy

					8		6	9
3						4		
					4		1	2
		2			1			
4	1	8		5	2			
	6	3		4				1
6				2	9		5	
	8	4		7				
	5					1	9	

Light and Easy 35

		7	3	8				
	6				2	5		
2	4		7		5	8		3
9	8						5	
4	5	1	2			9	8	
	7			5	8	4		
8	3	5	1	6			2	
1	2		5	7		6	3	
		6						

36 Light and Easy

		2	5	4	7	3	6	
4	6	5			3			7
7	3				6	8		5
		6	8	1	5	4	7	9
			3	6	4	5		
		4						
	5	7			8			
	4		6		1		9	
	9	8	7				5	

Light and Easy 37

			9				7	3
				2	3			1
	1					9		
3					8	2	6	
								7
2				4	6			
1	4		2				8	
		2	8	1	9	7	5	
9				5		1	3	2

38 Light and Easy

			5	3	7	4		
1			4	2	6	8		
5			1				8	
		1						4
	2	9	7					6
	1			6			7	9
	4	6				2	1	
	3	2	9	1				8

Light and Easy 39

		4						9
	5	1				4	6	
7	9							1
				7				3
	3	8	5			9		
1					4	5		
6	2	7	9			1		
8	4	3		6				
9					7		2	8

40 Light and Easy

3	7							
2							9	
			9		8	2		3
		7	6					
	5	2		1			3	
	9	1			7			4
				8	9	7		
			4		2		8	
		8		6		5	1	

5	6	9	2	3		8		4
2	3					1		
		8		7	6		2	
	8		5	9		2		7
				6	3	4		5
6	4				7		3	
1	5	6			2			
	2		6			7		
9				1			8	2

42 Light and Easy

		2		5				3
4	1	5	3					
	6			4	8			
7				8				
5			9		4			
	4		6	1		5	3	7
		9				7	4	2
					1	9		5

Light and Easy 43

							9	5
6		9		5				
8	2				3			
				7				
9	3	8	1				6	
				3	4		1	
3		6		9				4
	1			4	8		7	
								1

44 Light and Easy

7	1		9			8		
9					5			1
8	6							2
			2			1		9
2	9	1	4	6				8
		4			3			
		6	5	3				4
				2				
	5							

				6				
	2				3	1	8	
3	4		9					
			6				4	
6	7							2
					8	9	3	
	5		4				7	
			2	5		6		8
			8	9	1			

46 Light and Easy

					2			
6	1	8						2
	9			7		3		
			9		3			4
2	5				7			
7	3			6				
			1		9		5	3
5			4				9	

	1	5					9	
		3	5			1		4
					6		3	
			6		7		4	
			9					8
		2			1			5
	5	1	3			4	2	
	9	4					5	7

48 Light and Easy

7	1	8			4	9		
	4	5	9				8	
3					2			7
			1	7				
6			5		9			
	7	1		2	8	5		6
8	5	3			1		6	4
	2	7	6	8			1	
	6		2		3			8

1		8						7
7			4			5		8
6	5			1	7	3		
	2	1					7	
			3					
				6	4			
	1	3		4		9		6
				9	3		5	
	4		6	2	5	7	3	

50 Light and Easy

				6		5		1
		3						
	4							
			6	1			9	
			5		4	6		
		2			8	3		
7	1			3				8
	2					4	5	
				4	2			3

Light and Easy 51

				1		9		5
		1	7				6	
		2		9		4		
			9			2		
4		5	6					3
		6		3		1	4	
1	3	8		4				
2							1	4
				2	7	3		

52 Light and Easy

1			9			3		2
					3			7
	2		1		6			5
							9	6
	1			4	8			
			4	3	2			8
		6						
		7		5			4	

7				9	8	6		
4		2	1		7			8
9	3				2			
		6	2	4			7	9
2			7				4	5
1	7	4	9	8			2	
6		7	8		9	4	5	
				7	6			
		5		1				7

54 Light and Easy

	8		4		5	9		6
				2		7		
2	7				8			4
	6	1	7					
		2		4				7
	4		6	5	3		8	
	9					8		
7		8	5		4			
		4				5		2

			7		6			
	1	7		9				
	6		3	5				7
1	9		2	3				6
7			6			2		
	8	2		1	7	9		
	3		1			5		
		1	9				2	3
		5			3		8	

56 Light and Easy

			8		4			
		6				4		8
	5			2	9			
		7						9
		8	7	6				
	4				1	3		
			2					
	8		4		3			2
2		5	9	7				

Light and Easy 57

							4	6
					6	7		
			4	2			3	
		5	8		2	3		
9	3	8	1	5				
							9	
		9			1	4		7
1		6	7	8				
		7			5	2		

58 Light and Easy

3		1	6			7		
4	2					1		
	6			5	2		9	
	8	3	5	1			4	
						3	6	
5			4	9				
				2				
7	4				5			9
					7			

6	9	2			7	1		
	8	3	4					9
	5		9	8				3
	6		3					
	3		7		4	5	6	1
			6	9	1	8	3	2
9	1	6						4
5		8			3	9		
	4		8	6				5

60 Light and Easy

		1		8		4	2	5
			5	1			6	
			9		6	7	8	1
	6	9	3	7	2			
3		7				1		
	2				8	6	7	
9	1					2	3	6
8	3	6			1			
7					9			8

7	8	1	6		2	9		5
9		2	7	1				
		6	8				1	2
2			3			8	5	1
	7	3	5					4
		8			9	3	6	
1	9				7		8	
8	6	7			3	4		9
		5				1		

62 Light and Easy

		5	6					7
		8		7			6	9
			1		2	8		
	2	7				6		5
	5		2	9			4	3
	8						2	
		2			7		3	
	7		4					
6	9	1	8					

		4		6				
		3		7	4			2
7	2			5	1	9		
5	1	7				2		6
9	4							3
				9		8		
	7				9			
2	3	1	5			4	6	9
6		9	4	1	2	5		

64 Light and Easy

		3	8			2	6	
			5	9	2	1	3	
1					6	8		
3	7					4	2	
		8	4	6		9		1
9				2				
	2	5		3		6		8
8				4		7		2
4		6	2			3		9

	3			2		4		6
1		2	8		6	3	9	7
7			4		9	2		
	6			9			7	
			1				2	
4			2		3	9	5	
	5			1	2		3	
		3	9		7			1
		7	3	4	5	8		

66 Light and Easy

				6	3		5	
6		5		1		8	3	9
		1				2		
8	2	3				7		
	5				7			
	6	4		9				1
4		2	5	7	9	6		3
	9		1		6	5		8
	1				8	9		7

3		1		7	9		2	5
			6			4	1	7
				1	5	3		
	9			4	7			2
		4	3		8		7	
	8		9	6		5	3	
7		5		9	6		4	8
2	1		5			7		6
	4		7		1	2	5	

68 Light and Easy

		1	4			7		
9		8			6	1	4	
	7	2	1	3		8		
5		4	7		9		3	
				5		9		7
		7	3	8			1	
7		5	9				6	
	4			6				
8				4	3		7	9

				9				
6				2	4		5	
							1	
4			8	5				1
	1	7						
					2	9	6	4
		4						5
	3	8	9	6		1		
				1	5		9	8

70 Light and Easy

	8	5			2		6	3
				4	7	8		9
	6		5					7
					9	7		
		3						2
			3	2		1		
1		2		5				
		9		8	4			
			9					6

5		3	8	1	9		2	
8	1		4			3	9	5
	4	2				7	8	1
6		8	3		1		7	
								8
1		9	5	7			4	6
2				8		9	5	3
		5		9	6			
4			7		5	8	6	2

72 Light and Easy

4	7	9				8		3
	5					4		
1			3		9		6	
	4		2		7		5	
9		7			5		8	
		3				6		1
			7		6	5		
			1					
7	9			2				

3	4				1		2	
				7	4			8
5					6	1		9
	3		1					6
	8	6		2				
	9			4		2		
	1							5
			9		5	8	7	
		9			7		3	

74 Light and Easy

5		4		9		1		
	2							
8					7			2
			8					
2	3	6			9	5		
4			3					
	9		2		3			5
							3	6
						4	7	

7	8		6					9
		5		7				
					9	6		2
			4		6	8		7
8			5					
6	4	1				5		
	5	4		6				
			9		4		3	
1				2			4	

76 Light and Easy

8					1		2	
7		6		2				8
			6					
9		4			7	8	5	
			2	3	5	4	9	7
				9		1		
5	1	7					8	6
	9	2	8			5	4	1
4	8		5	1			7	

		6	5	8			2	
1	8			7				
5		9					1	6
7			6	4	3	5		
		5		1				
	4	1	7	2				
6	5	3						8
	1		4					
					8			7

78 Light and Easy

	4			1	8	5		
	1				7	3		
7	3			5			4	
	8	6						
						4	9	
			9	7				2
		4					5	9
			1	4	6			
2		1					3	

8						7		5
1	2	3			4		6	9
	7	5	8			1	4	3
		6	2		3	5		
	3		4			2	1	6
		9		5		4		
	5			6	2	9		
	9		3					1
6	8	1	7	4			5	

80 Light and Easy

			4	8				2
	5					8	6	
			5			4		
						9		
7	1				3		4	
8			2		9	5		7
		6	8	2				
	7	8		3	5			1
					7			4

				3		4		8
		5	8					7
	6	2			1	3		5
4		3		5				6
	9	7	4	6	2	1	8	
1		6			3			
			2					
			6	9	4	7		
		9	3	8	7	5	4	

82 Light and Easy

7				6		2	8	9
			5			1		
9					7			
3			4				9	1
4						3		
	8		2			6		
	6	4			5			
	9		3		2			
8	3		9			4		

2			9					5
4	8			1				
9				2		7		
		2		3	9	8		
				7	4		9	2
7	9	1	6	8	2	3	5	
8	6		4					1
3	5						7	8
1		4			7	9	6	

84 Light and Easy

7	1			4	6	3	2	5
			5				6	8
3		5		1				
6			4		3		1	7
1	3	2	7					
4				2	9			3
	7	3				4		
	4				2		7	
5		1	6				3	2

6				1	9			
4	5			8				1
	8	1		7		6	3	
				3		7	5	
	6		2	4				3
		2			5	4	1	
2	1				8	3	7	
	7	8			4			9
	4	9		2	3	1		8

86 Light and Easy

	9				5	2	1	7
6		1						5
			3					
					3	1	7	
			7			5		6
5	7		1		4	9		
		5						
				8				
	3	8		2	1		5	

1	7	2			6		9	4
5		6	8		4			7
	8				9			1
			3		2	9	5	8
	6		4					
8				9				
	3		9		5	2		
				7				
		5		8			7	

88 Light and Easy

3	9	5	4				7	
			7		3	9		
8	7	6		5			2	3
	4			6	2	1		5
5	8				4		6	
6				7				
		1		4	9			
		9	6	3		2	1	
				1	5		9	4

8				3		2		6
2	3	6		4			7	
7			2		9			
1		3	9		6	4		
			3	2			5	
4	2		1		7			3
5		9	6				8	
			4		8	3		5
		7				6	1	4

90 Light and Easy

		2				6	8	
5			2			4		
7	1		6	4				2
		5		1				9
			4					
	3			9	8		7	
8			7			9	3	
			9	5	2			
1								

								3
2	8			4				7
			9			8	1	5
		3						
9				8			5	4
1	4		5		9			6
3				1	2	7	8	
		9	4	7			3	
	2		8					

92 Light and Easy

	5			3			2	
7			1					6
		1				8		3
	6			2		5		
		7	6					9
				8	5		1	
9	2	8			4	3		5
		6				4		
	7		8					

Light and Easy 93

		4		9		1	6	
		1	3	7		9		8
					2		4	3
	8				1			
4				2				
3	2						7	
	5		2	4		3		
		3	7	5	8	2		
8		2	1		3			9

94 Light and Easy

6	7	2	4			1	3	
3				6	5		8	2
5				2	3	7		4
	2							3
9			8	3		2		
		6					9	1
			2			4	1	
2	4	5				3		
1		8	3		7			9

	1	6	9	8	3			
8		2		5		1		4
	7	9		4				
	9			6		5		3
3					9		7	2
1		8			7	4	6	
2					4			
			1	7				6
	4	1			5		8	7

96 Light and Easy

			8	6			4	
	9	4						
	6			2		7		
3	7	1	9			8		
5		9			1			7
								3
							6	
				5				
8		6	3	1				4

		5	7		1		8	
3	7				8			5
9		2		3		7	6	
6				2		3	4	
5	4						1	
	3			7		6	5	
1								
		4			3	5		
	2	6					3	4

98 Light and Easy

	7	4						
9	2			8	6			
6			9					7
	1	3			7	8		
		5						4
					4			
3				2			6	
		7	5	3		2	4	
						5		1

7				6				
5	8		2			1	6	
6	4			1			9	
1	3	8						4
			7		1	9	3	2
2			6	4		5		
	6	5	4	2				
3			5	7			4	6
8		4		3	6			

100 Light and Easy

		5	9				7	
7	4	3					5	6
6	9		5			8		4
			3					2
	3			8	2	5		7
	2	4		6			8	
			1	3				8
9	6			5				1
	1			2				

8		4		5			2	1
				9	8		3	7
	7					8		
	9	2			3	5		4
			5			1		
	5	7	2	1	9	6	8	
6	3					2		
5	2	1	9			7		8
			1		2		5	

102 Light and Easy

	1							6
					6			
	8			9	5	4		
4	6	7				2		
	9		5		3	1		
						7		
				8		3	7	5
1		8	4					9
3	7	9		5		8		

	3						4	5
				4				
			8	6		2		
						3		
9	2		7		6			8
3		4			9		2	6
2	4		6			5	3	
7		9			4	8		
			9	2			1	

104 Light and Easy

9			2			4		
		7			3	8	6	
1			5	8	7			
	3		1	2			9	
		5	7			2		8
	7		4					6
		8						9
				9				
4							7	

3			9	7				
			3	4		1		
4		9			2		7	
		5			6	9		
7		4	5			6		3
					7	4		1
5		1		6	9	8		4
9		8			3			
	3	2	7				1	

106 Moderate

					6		8	
	4		9	1			5	
2								9
8		3					7	
				4				
7						8	2	
	3	7		8	5			
	5		1		7	6		
			6	9				

Moderate **107**

							8	
	1							3
		9			6	2		
3				5			7	
						9	2	
	5	7		8	4			
			2	7		1		9
	8			9				
								6

108 Moderate

	1			6			9	
8			4	1				
	3	7					8	
		9	1	2				
	2				3		4	
4		6			5			
						1		2
							7	
				4				5

Moderate **109**

					9	8		1
3				4			9	
		5			8			
6					3	1		
				2		9		6
		7	1				4	
		4				7	5	
					6			2
8	2							3

110 Moderate

		3			1	4		9
	8		6	3		7		
		1		6	3			8
	7	8			9			3
	4	2					1	
		9			6			
		4		5		3	9	7

Moderate **111**

1					8	3		6
		9	2	7				8
			4	1	3			
9		7						1
		3	6			8	7	
						6	2	5
3		8						7
			3		9		8	
5		4	7			9		

112 Moderate

8	7							5
				9	5			
1		3	4		7	6		
			3					
			5	6			3	
4		7						
		5		1	9		4	
			2			3		
		1		4			8	

Moderate **113**

			7			6	4	
9					1			
	3					7		8
3			6			5	2	
6	4			7	2	3		
8						1		
	2			8				
				3				
					4			6

114 Moderate

							4	5
	2	4			9		3	
1			3					9
		2						8
4			5					
3		7			6	9	5	
5	6		7			1	8	
	1	3						
7						3		

Moderate **115**

5				4	2			9
9				3			2	
			7					
1			2			9		
	7				8		3	
		3	9					8
6		5				2	8	
		8				6	1	
			5					

116 Moderate

4			6				7	
8	3		4			2		
						3		
								5
		1		2			9	
		5				7		1
2	1	3			6		8	
			1			4		
	6		5		7	1		

Moderate **117**

5					2	3	8	
	6	4		5				
	7	2		3		1		
	5	8				4		
			4					
		3	1			9		
	8			1	6			
		5	2		7			6
7	4		3					2

118 Moderate

8	4		7	9			1	
2	6		1					
						7	6	
				7	2	6		
			8					
		8			4	3	5	7
	7	2			1	9		
1	5		9			2	8	
				2	3			

Moderate **119**

		1	6	8				9
7			5	4				
	3		9					
	7	5				9	2	
		4	7					8
	6	3			2			7
	8	7			4			
		9				8		
4							7	5

120 Moderate

	8							
	4	7	8		9			1
		1	4	5			2	
8	1	6	7			5		
9					1			
			5	6				
					8		5	3
							8	
			3	1			4	6

Moderate **121**

		7			2			
6				7			4	
			5		8		9	
		5				4		8
1		2						
				1	4		2	
7		3				9		
		8						6
	5	6	4			3		

122 Moderate

	1				2			4
3								
6			4			8	9	
						5		1
							7	
8	3			4		6		
			7					3
	6	8			5			
			6	1				

Moderate **123**

							5	2
				2			1	
	8				4			
								6
9					8	5		3
		6	5	3				1
	4	2						
	7	5		8	6			
3	6		1			7		5

124 Moderate

8	2	9		7			3	
								1
						5		
	6	5		2	7			8
		1						3
				9		2		
7					4	9		
			6				5	
		6			2			

Moderate **125**

9		3				8		
	1							
				5		4	3	9
	8							
					1			
4			8		6	7	1	
		5			7		4	
	2	7			8	3		
		9			5			

126 Moderate

						1		
4			3	7				8
9								2
			6				3	
	8							
	9	7		1				4
2	7			6			5	
		6	1	5				
	5					3	2	

Moderate **127**

	1				9			
							8	7
		4	3				6	
		6			7			
		5		4	3	9		
		1				5		
					8		1	
				9		6	4	
8		2			6			

128 Moderate

		2			6			
		8	2					9
4		6		9				
2					5		6	
		7	6	8				5
	3	5				8	2	
	5			4	1		9	
	6		8					
							3	

Moderate **129**

					8	9		
		8		5			7	
			6	1				
	1				5	3		
2				9			1	
5	9		8	6				
	3					1		
	2	4					9	
			9	7		8		2

130 Moderate

	5							
6	4		2				3	
				6				
				4			7	
7	3	1	9				4	
				8	6	5		
								9
4				7				
		8	3		9	1		

Moderate **131**

	5							
	8				9	4		
	9					5		
9			1					5
	1	2		8			4	6
			2			7		
		1	7			2		
8				1				
	3		9		2	6		8

132 Moderate

	3						5	
			2		5	1		
		4			7	6		
			1	4			2	
		6					8	
			7					
	5				3			6
8						9	4	
6		7			8			

Moderate **133**

6	3			1				
	7	8						
					4	1	7	
	6				7			9
					3			2
			9	5				1
				4	9		3	
				2				6
	8							

134 Moderate

4		2			3		8	
3	9			6		1		
1	8		4	7		9		6
		8			4	5		
		3		8				
7			5	2			9	
			6				1	8
			7			3	4	
						6		

Moderate **135**

							9	
	5			9				4
4		2						
	1			6				
				3	4		7	
9		8	7				2	6
	3	1				5		7
7				5	6		8	
		9		4			6	

136 Moderate

		8		1		6		
			7			9		
			9		2		8	
	2		4	5				
3						7		
			1		8		2	
	9							
			2		3			6
1	6						7	

Moderate **137**

3			5					
4						8	1	
	9			4				
				9	3	4		
		2				1		
	3			6			5	
			8	5			4	3
		6	7					
	7					5		

138 Moderate

	3		4				6	
4							7	3
9		2		1				
8	7		9	2				1
		3		7		8		
				4			9	
					9			
	2	8						
				8	6		5	

Moderate **139**

	6	5	9					
					8			
7	1			3	4		8	
				5	3	1		
							3	
4						6		5
	8			6	1	9		
	2	3	7	4		8		1
		1			5	7		6

140 Moderate

		7		5	3			
						6		
		8			2	9		4
4				6				2
			4			5		
	2						3	
6			1	9	5	8		
5	7							
						1		

Moderate **141**

			4					8
9			5					
	3	7		9				6
	7			5		6		
			2			5		
4	2			7			1	3
			3					
	6						2	
1			8	2		3		

142 Moderate

8								
				7	9			
			8			9		7
	4		6			5		8
2		7		9				
3			7					6
		4					1	
	5		2		1			
				3	5			

Moderate **143**

7				3	5			9
						4		
3			9			8		
4	2				9		3	6
	6					1		
		8			7			
2		3	5	1		7		4
					2			
	5		7				6	

144 Moderate

		5				4		
7			6			9		
4		3		2		1		
		1	2	4				
					6			
					7		9	8
9							5	
8			7				6	
	5				1			

Moderate **145**

							4	
4	2	1		7		9		
		7	2	5	3	8		
			8					4
		9			6			
	6		9	4				1
	8		5				6	
		3						2

146 Moderate

			6		5			8
6			1	3		9	2	
		7						
	3		5					4
			9					5
	4	2				6	3	
	7	3	4				9	6
9								
			7					

Moderate **147**

			8		2		1	
5		2				6		
1	8		5		3			7
							6	1
	1			3	8			
	3	6	9					
4				8		5		
				2	1	7	4	9
3								6

148 Moderate

	6			4				
								6
		8						
	1			5			4	3
				8	3	7		5
						6		
	9						5	
	2		9		1	3		
4					6		1	

Moderate **149**

								6
3	5		4		9			
	2	1			3		5	
4				9				
2				5		1		
		3	1		2		7	
		4			8		3	
1	3	9					6	4
	6							

150 Moderate

		3						
	2		8		1			
	1							4
				8	6			
		9			2		1	
	5				9	8	4	6
				4		7	8	
		2	5			9		
		1	6		8			

Moderate **151**

			5	4				1
1		2					7	
			2				4	
5	7					9	2	3
9	6		1		5	4		7
4							6	
	5		6	3	9			
8			4					
				5			3	

152 Moderate

		4	1		6	7	2	5
					7		9	
	7	2	5		4			
					2			7
3	1							
2			4				8	
		8	3				7	6
	9	3	2			4		
					8	1		

Moderate **153**

8	6	5						3
			4					6
					3	9		
5		2			9			
4		3			5	2		
				8				
6	7		1					
							1	
			2		4	7		9

154 Moderate

	2	7			5	8		4
		1	8		7		2	5
	1		3	9		4		
3	4		6				8	
			7	8				9
8			1	7				
								8
	5			3		9		

Moderate **155**

		4		7		3		
								6
6							1	9
1		9	2					
				6			8	3
				3				
4	7						6	5
8			1					
				2		7	9	

156 Moderate

9		8			7			
1						6		
	7			6	9			5
					3			
3			2				9	
	8				5		4	1
						4	2	3
				7	4		1	
				3		5		

Moderate **157**

	1							
5								
	9		2		1			
2			8		3		1	
		5						8
6			7					3
		2		5				9
			9			4	7	
3					2	1	5	

158 Moderate

					7	6		
3	2		4		1		5	
			3			4		
	9	7				8	2	
4	6	8	5					
5					8			6
6		4			3			
		3			2		1	
		9	7		5			

Moderate **159**

2		9						7
	1	6						
8				7				
				1	5	4		
	9	8			4	6		
				6		3	1	2
		1		4		2		
	3			2	6			
			3			1	9	

160 Moderate

	6			8		3		
5	8	4						
						9	5	
				5		2	3	
			2	3				4
	7							
8		2	1					
	1			2		5		
			5			4		

Moderate **161**

4	5					3		
			3	1	4	7		
				9	5	6		
				3				
9	8				1			
3		5			6	4		1
6			5					
		4	2	8				
8		2	1				9	

162 Moderate

		7						1
		9				6	5	
	2			7	9			3
	6					3		
9		4	5				6	
								8
		2	3			7	4	
8								
			6	9				

Moderate **163**

		5		8		4	6	7
	6	8		7				1
9		4		5				
	5		3			7		9
							4	2
	1					5	8	3
		1	6	2	4		9	
				1				
			8		9			6

164 Moderate

	1				9	7		
	2	5			6			
				2			8	
4						8		6
9							2	
8			3		7			
	9						4	
		7	9	1				
	6				5			

Moderate **165**

4								
3			1		7			6
	5	6				9		
				2	8			
		1	4				5	
		3		5		6	1	
5		2		6	9	8		
	4			8	1	2	7	

166 Moderate

				8				
	7		6					
		3					2	
					3			8
		8			2	1		9
				5				
5								2
	8	1	7	6	4		5	
4					8			

Moderate **167**

9							6	
			7	2				8
	5		6					
		4						
3		8		6				
		9	3			6	5	
			4	7				6
	3	7					8	
	2			1			3	

168 Moderate

	4	6						1
1		5			9		3	
							6	
7	8					3		
				3	4		8	
		2		1				9
8	9		6					2
6					1			
	5							

Moderate **169**

			8		1			
		5						9
	1	2	9		4			5
6					2	5	3	
8	3			6	5	7	9	
			3					
			1			2		7
		4	2		9			
1					7		6	

170 Moderate

3				7			5	
9						2		
	5			9	1			3
1	7		5		2			
		3			4			9
8			7		9	6	1	
4			3		5			
				8	7	1		
	3							

Demanding 171

	3	1						
		4		2				
6	2		1	5				
					1		6	5
		2			7			3
				4		8	9	
	6		8			9	3	
		3						
	9	8		6			5	4

172 Demanding

4			6					
					1		6	
	8		2			4	5	
	5							
		6	1				2	
9							8	
		7			6	3		
	9		5		3			
		1	9			2		

Demanding 173

3					5	1	2	4
8	9			1				
			2					
7				8		9	5	
	4			6	3	8		
				5			1	
5				7			8	
						5		
		3						7

174 Demanding

		4			6	8	5	
7	2						6	
	3							
			5			9		6
		9			3	7	8	
8			6					
					8			
	7	3		9		4		
9			7			6		

Demanding **175**

		2		4		1		
			7					
				6	8	7		4
5					7			6
							3	
	9			8		5		
2			6		3		1	
	4			1		9		
6					9			

176 Demanding

1		7				9		5
				8				
	6		2				8	
	5			2				9
7		4			9			
3		9				6	4	
			7		3			4
		8	5				1	
								6

Demanding 177

	5	4	9				7	
8		2	5		4			
9	8					3		
3						1		
			7	6				8
							8	
		9	3	7				5
7					2			6

178 Demanding

1		2	5					
7								
				2		5	3	
			9	8				
	2						6	
	9						2	7
9	6		3	5			1	
		5		4				8
	1		6					

Demanding 179

1	7		2				9	3
						5	2	
	3		5	4				
		6					1	
	9		7		1	2		
9		3		5				7
	1					3		4
	4						5	

180 Demanding

2				9				
				6				1
					5	7		6
9	1					2		4
					6			
								9
		8			7	9		
5		9				1		8
3			5				6	7

Demanding 181

		7				4	5	
8					4			
			2		7			
	6	9	4					8
2		8					1	9
					3			
	2	4						6
	9	3				8		
				6				

182 Demanding

	3					2		
			4	7				
5			6			8		
				9				
9		6						3
3		8			1		2	
	1				2			4
					5		7	
	7						9	

Demanding 183

	8							9
		5		6				2
	1	4	9	3				5
2			3			1		
					6			3
9			4	8				
				4	7	5		8
5						6		
			6	5			2	7

184 Demanding

		5			8		7	6
3								
		8		1				9
				7		5	6	4
					1			
	2	9	8				1	
7				2		6		3
				4		7	9	1
			6					5

Demanding 185

		5			9			2
	1	7		8			6	
			7					
		8			3			
2					1	3		
				6				
4				2		1		3
	8			4				
				1			5	9

186 Demanding

						1		4
			8				7	
	2			3	6			
	4				3			
		3			4			7
				9		8		
	5	7			1			
9						5		
8							6	

Demanding **187**

		2			1	4		
7			3	8			2	6
		6						5
		9						8
1					3	9		
8					2			
			2					
5								4
		7			9	6		

188 Demanding

		6			4			
	8		3					1
		5		1		3		
			4		7	5		6
5	9				3			
		2						
		7					5	2
	4		5				6	
			1					4

Demanding 189

			9	3				4
					2		5	6
							3	
	7		2			9		
		4		6				
	9			4	1		8	
		7			3	1		
			5					
2	8	1						

190 Demanding

		9	1					
	2				5	8		
8						7		6
					1			
	4	1		9	8	2		
	7			5		4		
	1		3					
					6			
3		8		1			2	

Demanding 191

4	8	5		1				6
				2				
		2			4			1
					3			7
1	3	6			2			4
	7				8		5	
							1	
	4		7		6		9	5
5						6		8

192 Demanding

7								1
				9	6		4	5
8		6	4					
4				7		5		3
2		8		5		4		
	3		1	4				
		5		8			7	2
	8							
	4			6		3		

Demanding **193**

8			7	4	1	3		
		2						
			3	9				
					9		5	
						4		9
				5		7		6
	3				8	1	4	
5		8						
2			1	7			8	

194 Demanding

			3	1		9	7	
1		2		6	7			
		9					1	
		3		9				1
7		5						2
9					6			
	1		7		5			9
2		7					8	
						4	3	

Demanding **195**

	7	1		3	8			
	4			9		6		
		8	6					3
2				7	6		8	
1						5		
						1		
			7		5	3		
		4						
						2	4	9

196 Demanding

					2	1		7
	1			6				4
	5				7			6
	6	7		4				
				3			9	2
5								
2	3				8		5	
4								
				5				

Demanding 197

2					1	8	9	
			7			5		3
8		9						7
5	7				9			6
		6				4		
						3	7	
6	1							2
7			4				6	
		8		7		9		5

198 Demanding

		3			2			
4	7				9	5		
		5	8					
		6			1		2	
		7		5		3	4	
2			4		3			
							1	
				8				2
			1		7		9	

Demanding **199**

	4							
2	7			8			3	
3					9	4	1	
6	5							3
9							6	1
				4			2	
			4					
		7			6			
		1		7		5		2

200 Demanding

	6					3		
	9		1		7	2		
		1	5			6		
		6		3				9
				4	2			
8					9			6
								8
2	1	4		5				
						4		

Demanding 201

2		9	3					
		5			4		1	3
				7		9		
							7	
7	2	1		9				
8			1	5				2
								4
		3				2	9	
	5			8				

202 Demanding

3	5				4			
		6	8		7			
4				2		5		
			5	8		6	7	
1						9		
	4	7						
	3			1			9	8
						3		
			6		9	7		

Demanding **203**

	9				8		4	1
6			4			9		
3					5			
		2			3			7
		3		5			6	4
9	6				2			
				2	4	7	5	8
	8							
5						1		

204 Demanding

					9			
		8				2	3	
2	4		1			7		
4		3			6			
	7		5				6	3
		1	9					
	1			8		9	7	
9						5	2	
			4					

Demanding **205**

	7	6					3	
8	2							6
					1			
			1	8				9
		9		6	3	8	1	
	3						7	
			8	4			9	
				2	6			8

206 Demanding

		9						
7		5	4					
		1	3			6	5	
							1	9
	6			5		3		
						4		8
8					4			
5				3	1		9	
					8		3	

Demanding **207**

					1			3
	1	4	9			8		
9			2					
8	6					5		7
4	9			2				
			3			9		
	2					3		
			6			1		
			7		8			2

208 Demanding

5		3	2		6	4		9
				8				
6			9	7	5	1		
								8
3	9	2			7			
1	6		3					
					9		2	
		1				9		
9	3						7	

Demanding **209**

	7		9			6		
			1		2	7		
5	4						1	
4		7	2				9	8
								7
				3	4			
7						1		
6						2		
	3	2	8		5			

210 Demanding

							8	
8			1		4		5	
		5						
1	8			4				
		9			3		1	8
	6		5				7	
	4	7		6		2		
					9	7		
	2							9

Demanding 211

	2	1	7			8	4	
				5				
4						5		
	8		6	1			3	
2		4	9			7		
3								
							2	3
6								7
		7		9		1		

212 Demanding

		8		3				
7			8					9
			9		1			
2	6	1		4				
	7		2					
	4					3		
							3	6
	9				6	5	2	8
					4			

Demanding **213**

				4				
7		9			8			
5							2	
	3		9	7				
2					5			4
								9
	1			6		8		
	4						3	
9				5	4	6		

214 Demanding

7		8	1	4				
	6	5				4	2	
3	4		9					
6							7	5
				9			4	
		3					6	
1	9		8		6			7
			4					
5				3				

Demanding 215

		5			7	2		
		3				5	7	
			4		9			1
					2	1		
	4			7		6	3	
3						4		6
	6				8	9		2
2							1	

216 Demanding

6				9		8		
	9						1	
3			6	5				
		4					5	
							6	9
	8	2	4					
4		6		1				
			3			7		
1					2			5

Demanding **217**

	6							4
				7		6		3
7	1				5			
2								
	7		2			3	5	9
5					1	7		8
	2		4					
		8			6			7
9	3			8				

218 Demanding

				2			9	6
							5	7
	4		3	5				
6		1						5
	8	3						
						8	2	1
	3							
4		6	5				8	
	7		4	8		9		

Demanding 219

				6		2		5
			9	4		1		8
	7				3		9	
7	6					3		
4				1		6		
1			4					9
8	3							
6	4			8		5		
		5		7				

220 Demanding

8	5				2	4		
7	2							9
		4						
			1		7			2
3		5				9		
	4							
				8			7	
	1	7						
				3	6		4	

Demanding 221

	5	6			2		4	3
	9			7	3	8		
8		5						
			3		4			5
				2		9		7
				3	1	6		8
					7		5	
	2						1	

222 Demanding

4	7					5		
	6				7			
		9						8
				1		2	6	
		8	9		4			
7	5							
		2		3			1	
				6			8	3
			7					

Demanding 223

4	3	6	7			5		
		5					7	
			6	8				
		7			2			9
						1		
5			4		1		2	3
					3		8	
	2		9		7	6	3	
				5		2		

224 Demanding

	4		3			2		
	7			5				6
8				1	2			5
1	9	5				4		
			4					7
	2			9				
2		6						
3								1
	1	4	2		6		3	

Demanding **225**

		2		6				
6		8			7			
	1	7		3				5
		5		4			8	
					2			9
				5			3	6
			9					2
	8	6	3	1	4			
4								

226 Demanding

		3	7	1				
						1		4
		7	9			8		
	5							
	6			4	9	5	3	
		2				9		
		9						8
		4		5	6			
2							5	

Demanding 227

9		8			3			
					4			
	6		5			1		
	5	1		9				8
		3				7		
		2						4
			9					7
				7		8		
4			1	6				3

228 Demanding

				1	6			9
	8							
3					5	2		
		3					7	
		2					4	6
			7					1
7		9			1			
	2			5				8
6					4			2

Demanding 229

3		8	7			2		6
			2	1				
7				4				
						7		
2		9	1	3				
	5				2			
	8		6				7	
	4					1		2
					8	9		

230 Demanding

								3
					9	5		
5	8			1				2
		5						
	7		9	3			8	
	1				8		5	4
6							2	
		4	7	5			6	9
				2	1			

Demanding 231

						2		
1		6					5	
	5					3		
				2				3
8				1	5			
				3	9		4	
			8				7	6
	8				2			
6					4		1	

232 Demanding

				1				
				5	2		3	4
				4		5	2	7
2			9			6	8	
6	9	4						
	1	3		8			9	
				9	3			
		8					1	5

Demanding 233

			7			2		6
		8						
		7	9	5				1
5	7			1			9	
					2			
						3	4	
	3		8					
				6			1	
4						6		9

234 Demanding

	5			2		6		
7			6				5	9
	6		3					
	4	8		6		2	7	
		3	2	5		4		
2			8					
3		6				9		5
1								
						3	1	4

Demanding 235

				8	6		9	
7						3		2
							1	
	8	1	2					
			5			6		7
	3							4
				9				
	6				2			1
			7	4				

236 Beware! Very Challenging

					5		6	
		3		8	7	2		
5	1		6	9			3	
			8	7		4		
			4		3	1		
7					6			
	8	7		6				9
					1			2
6								5

Beware! Very Challenging 237

		4			2		7	
				1	3	2	8	
8			9		6		4	
7		1					2	9
1	8					5	3	7
			5	6				4
		7						

238 Beware! Very Challenging

				5	9			
	7		6					
	2					6		3
7	9		8		1			
8				6				
	4					2		
		5	3					2
	6					3		
9		4			5	7	1	

Beware! Very Challenging 239

			5					
	7	9					6	
				6	7	8		
1				8		7		
	6	5	3	4				
	4							
9							3	
2				3	5			1
			4	7				

240 Beware! Very Challenging

	6							
			3				6	
3				9			4	1
9		8	5					7
			4	2		5		
					7			
5			7		4			
	3	1						
6					8	4	2	

Beware! Very Challenging 241

		5				4		
2	8						7	3
	6							
				1	7	8	6	
		3	2					
4			9					2
			4	8		9		
						2		
7		2					3	

242 Beware! Very Challenging

				7	9			1
			6	1			7	
7						4		8
			9	2		3	8	
	9		5		7			
	1			8				6
4							5	
	2	5	4				3	

Beware! Very Challenging 243

2					5			3
		7				6		
				8		9		
	3	9		1		5		
7		6						9
	8				2	7		
	6					2		
			5					
3			2		7			8

244 Beware! Very Challenging

	3				1		2	
			2				4	
1			3					5
3	8				7	6		
9				1			8	
8						2		6
	9							
	2		9		3	8	5	7

Beware! Very Challenging 245

1			6		2			
8					5			7
9	4		8				5	
		2		3			8	1
		4					7	
	6							
		1			7	8		
						5	4	9
4								

246 Beware! Very Challenging

8					5			
								3
		9		6			7	5
6	3		7		4		9	
4	2			9	1			
								8
2		5						
					7	3	6	
	6			4		1		

Beware! Very Challenging 247

		6					2	
3		7	2				8	4
	8		4	1			5	
1					9			
4			1	5	3			7
				8				5
2					4	3		6

248 Beware! Very Challenging

					6	4		
	7							
		1		7	2		3	
7								
	6	3				9	4	
			5			8		2
	8		2					
1	2					5		9
					8	3		

Beware! Very Challenging 249

							5	8
		3			4			
8		2						
2			6	8				9
	4	1				7		3
9				7				6
1	7			5		3		2
		9		6	7			

250 Beware! Very Challenging

		9		8		4		3
1				5				
3	4					5		
	3	4	1		6	2		
	1				5	6		
	6	7		9		3		5
	2					1		
				4	2			
			7					

Beware! Very Challenging 251

					9	8	4	2
	9		1					
4		8						7
5		4					6	
6								5
	8				7			
	1	6				9		
					2	3	8	
			8		1			

252 Beware! Very Challenging

		7	9					1
		3				4	6	7
					8		2	
4				5				3
					3		7	
	3		4		9	2		
		6			4			
		4	1				8	
2	1							

Beware! Very Challenging 253

		4					9	8
	5			7	4			
	3		9	8			5	
7		2			5		1	
5			7	9	3			
						8		4
			1					
					2		3	

254 Beware! Very Challenging

9	6		1		2	5		
2		8	6				9	
		7	4		9	3		
1	8						3	
								9
			3		6		7	
	4		5					
	5	1	9		3	8	2	
		2						

Beware! Very Challenging 255

		5		8				
	7			4		3	5	2
	3				1			
					9	4		
	2	3	7					1
	5				8	6	2	
	8	6					7	
								5
		4		1				

256 Beware! Very Challenging

					5			
2	8			7			6	
	6	7				1		3
6	5					9		
		9	5		1			
					7		8	
	3							
1					2		5	
	9				3		7	

Beware! Very Challenging 257

	6							
		1	5	6	3			2
				4				9
		9						
				2	8			
2	8		4		1			5
4			6				7	
8	9	5					3	4

258 Beware! Very Challenging

			5					2
8		3	2				5	
		1			9			7
	7					1		
		8						
			4		5		8	
			3	4	2			
						9	4	
7				8		5		

Beware! Very Challenging 259

	1		5					6
			4	7				8
		5						
8	6						9	
1							4	
		2	3					
4			6	5	3		1	
2		7		9			6	
				4	2			

260 Beware! Very Challenging

			2	4				
	8	1	5	7			6	
	6				8	9	7	
		6				7	8	1
								9
	2	9			1		3	6
	3	2	4			1	9	8
			8					
	7			9				2

Beware! Very Challenging 261

				8	9	6	1	
3					4	5	7	
9				6				1
		2						5
6		4		3				7
	2		8	4				9
			5		3	7		8
4								

262 Beware! Very Challenging

		2			5		6	
	1	9	2			4		
			9				2	
								3
	9	5				1		
2				6			7	
3	6			4				5
				1				
	8							

Beware! Very Challenging 263

								2
	7				3	6	9	
3	4				2	1		
			8		9	3	6	
	3				4		2	8
4			1	7				
		6						1
9								

264 Beware! Very Challenging

				3	8	1	2	
		9						6
			1	7				
	6						8	5
		3		8			9	4
		4	7					
	2				1			
	8			6				
			3		5			

Beware! Very Challenging 265

8	1		5		9	7		
4					3			8
		5					6	4
		8		9	4			
	9		8			5		7
			6					
3							1	
2								6
			2	7				5

266 Beware! Very Challenging

	1				3	2		
	6			5				
				7	2	9	4	
1		6	4					
9	7	8						
6		2		3			8	
8			9			3		
3				4		5	1	

Beware! Very Challenging 267

	2		1	8				9
9		3						
					2	5		
			4					8
1	4			7			6	
		2		6				1
4	6	1		5				3
7					6	2		
				9				

268 Beware! Very Challenging

					9			
	2					8		
		6				2		5
3			6					
	8				7	1		
2	1	7			3			6
			5	4			7	8
		5			2			
					8		9	

Beware! Very Challenging 269

			9		1		2	
	2				8	3		
6		1		2				8
7			2		3	4		
			5		9			
	8			6				1
5	4		8					
				7			3	9

270 Beware! Very Challenging

6				1		4		
		2	4		7			
		5	6	3		2		
9	1		2					
	7							
			1			7	3	
		9			6			7
	3						5	4
	2							8

Beware! Very Challenging 271

			3		5		2	
		1	8					
	9	3	7			6		
	6							
			5			2	8	
	1			8	4		9	
3					2			4
				5		1	6	
	7							

272 Beware! Very Challenging

			1		4		6	
				7	2	1		
	7	8		5				
							4	
	8	3			9			6
2		9		3				
	9				1	2		
	1		5				9	
		2						

Beware! Very Challenging 273

						3		
9				1				5
6	8				9			
		6			8		9	
1			4					
8	3					7		
	9		5		4		1	
	7		2	3				
							2	

274 Beware! Very Challenging

	1	9						
		8			3		5	
	7		6				8	
		1			6	8		9
8				4				7
9	4						1	
					2			
				8		5	6	1
		3	7				9	

Beware! Very Challenging 275

			6				3	1
		2						4
3					8	2		
6		7		8	4			2
		5	9			8		
			1					6
			7					
7		4				6		5
				5		1		

276 Beware! Very Challenging

6	3	1	9		2			
	4		5			8		
7			6			9		
		4						6
				4				3
	1		4		3		5	
		8					2	
		6	7					

Beware! Very Challenging 277

			5		6		1	2
		9			1			
	8		7			9		
						3		6
6			8		4		7	
			1		2			
								4
2	9	8			5			
	3				9			

278 Beware! Very Challenging

9								
		8				7		3
				9	4		5	
	1				6	2	3	4
		3		4		9		
		7		2				
	7	1						
					9	8	2	
			7					

Beware! Very Challenging 279

	4		2	1		6		
			8			9		
	1			9		5		
								5
8								
		7	9		2	8		
			5				1	
9		6	7					
	2							3

280 Beware! Very Challenging

				7				
		2		6		8		1
3								
		9		1			6	
				8			3	
		8	4	9	2			
7					8	4	5	
8			5			3		
	6							

Beware! Very Challenging 281

		9						
2	8	5						9
	1	6				7		
		1			6			
				3				
				4	1		2	5
						6		8
		7		5			9	
3			9	1				2

282 Beware! Very Challenging

6	2				7			
			9	4		1		
								7
		2		1	3	7	4	
		9	7		8		2	
		6		5			9	
3					1	6		
						8		

Beware! Very Challenging 283

	3	1	9	8				7
							1	
	6			7	1	3		
	8	9					2	4
			7			8		
5							3	
6	1							8
		8	3		9	2		5

284 Beware! Very Challenging

3		5	4		9			6
4	7			2				
					3		1	
				9	7		2	8
1			5		8	7		4
5		1		3				
8				1			7	
7	4	2						

Beware! Very Challenging 285

1				8				
5					6			
4						2		9
				7	1			
		6	5		3			4
							2	
6		8				7		
		5						3
		3		9				5

286 Beware! Very Challenging

				4			2	
8	4	1	7	3				
	2		6		9			
7						5		
					1		9	8
9				5		1		
		3		9				6
2		6		8	5		4	
		9					1	5

Beware! Very Challenging 287

7		9			3	4		2
			6				1	
		6					8	
4								6
9	5	7		1				
						1	2	
			5	7				
		5		4		3		
	4							

288 Beware! Very Challenging

	4		7					
				5		2	6	
		5	1		6			3
	8						3	
					9	1		6
						4		
9	2	7			3			
5		6	8	7				
						3		

Beware! Very Challenging 289

	6			1	7	8		
								9
		1			4	2	7	
					6			2
5								
8		9	4		5	1		
9								
7	3			2				
						9	4	

290 Beware! Very Challenging

	9							5
		7	8	3				
		8			6			3
			5	6	7		1	
			1					
9	5					3		
	4						9	2
					8	6		
			9	1				

Beware! Very Challenging 291

			3			5	6	
	9	1						
		8					4	
			8		7			3
		9	5			2	8	
	4							5
							9	6
5					8			2
		4			1			

292 Beware! Very Challenging

2		7					3	
				4				
		9	5	1				8
			8					5
6		1	7		4			
				6				
			3					
5						9	6	4
				7			1	3

Beware! Very Challenging 293

9		4		1	3			
		5		4	7	8		
1			5		2			
			1	8	6			3
				5				
					4		6	
5		2					7	
8			3					
4				2	1	9		

294 Beware! Very Challenging

		9			5			
6	5	8	4			3		
			9	2	8			
	2	3			9		7	
				8			1	
					7	4		3
		7		1				4
	9					7	3	5
	8							1

Beware! Very Challenging 295

6	1				9	2		
		3						6
2		5						
			3	4			1	
9		6	7			8		
	8							
			6					8
				7		4	5	
	7	2		9				

296 Beware! Very Challenging

8		5	7	1			9	3
						8		
4							7	
		8					5	
			2			7		
				6			2	
	2	1	6	3		5		
	7		1		9			2
								4

Beware! Very Challenging **297**

9			4				7	
	7	1						8
					6		1	
				5		8	6	
		2	9	1				
	3					7	2	
						3		5
4				6				
		3						

298 Beware! Very Challenging

3	1				2		9	5
						2	4	
				8	6		3	
4	8			5				2
7	3			2		4		
5			6					
6								
		4			8			3
		9			5		2	

6					10						
	3				6	7	2	1	4		
		12							5		
		11		9		5		7	8	6	
2			5		1		8	11			
9	4										
	10			3			12				
		8	4	11					2	12	
12		6			9			4			5
						6					12
5	9	3		8				6	7		
							4	10	3		

300 Bonus! Giant Sudoku

			11	3					2	5	4
		10			5						
				2		1	6		12	3	9
3		1						12			8
2	5			10	11						
			3			6	4		11		5
	1					12					
	6			1		11		8	4		
				7			5	1			6
					2				3		
	12				9					8	7

ANSWERS

1

7	1	9	6	4	8	5	2	3
5	6	8	3	7	2	1	9	4
3	2	4	1	5	9	8	6	7
6	4	1	9	8	5	3	7	2
8	7	3	2	6	1	4	5	9
2	9	5	4	3	7	6	1	8
9	8	6	7	1	4	2	3	5
4	3	7	5	2	6	9	8	1
1	5	2	8	9	3	7	4	6

2

3	5	1	2	6	7	4	8	9
4	9	7	3	5	8	1	6	2
8	2	6	1	9	4	5	3	7
5	3	4	7	8	1	9	2	6
7	1	9	6	3	2	8	5	4
6	8	2	5	4	9	3	7	1
1	7	5	9	2	3	6	4	8
9	6	8	4	7	5	2	1	3
2	4	3	8	1	6	7	9	5

3

2	9	8	4	6	1	5	7	3
7	6	3	2	9	5	8	1	4
5	1	4	8	3	7	9	2	6
4	3	9	1	8	2	6	5	7
6	8	7	9	5	4	1	3	2
1	5	2	6	7	3	4	8	9
8	2	5	3	4	6	7	9	1
3	7	6	5	1	9	2	4	8
9	4	1	7	2	8	3	6	5

4

6	7	4	5	2	1	9	8	3
3	9	5	4	8	7	6	2	1
1	2	8	3	6	9	7	4	5
8	6	2	1	9	3	4	5	7
4	5	9	8	7	6	3	1	2
7	3	1	2	5	4	8	6	9
5	1	3	7	4	8	2	9	6
9	4	7	6	1	2	5	3	8
2	8	6	9	3	5	1	7	4

5

3	4	9	2	7	8	6	1	5
6	1	2	3	4	5	7	8	9
7	5	8	9	1	6	4	2	3
1	3	4	5	6	2	8	9	7
8	6	7	4	3	9	1	5	2
9	2	5	1	8	7	3	6	4
5	7	6	8	2	3	9	4	1
2	8	1	7	9	4	5	3	6
4	9	3	6	5	1	2	7	8

6

8	9	6	1	3	7	2	5	4
3	2	7	4	5	9	8	6	1
1	4	5	8	2	6	9	7	3
4	3	8	2	6	5	1	9	7
7	1	2	9	4	3	5	8	6
6	5	9	7	8	1	4	3	2
9	8	3	6	1	2	7	4	5
2	6	4	5	7	8	3	1	9
5	7	1	3	9	4	6	2	8

7

4	7	5	8	1	9	6	3	2
2	6	8	4	5	3	1	9	7
1	9	3	7	2	6	5	8	4
8	3	7	9	6	5	2	4	1
9	5	4	2	7	1	3	6	8
6	1	2	3	4	8	9	7	5
7	4	1	6	9	2	8	5	3
3	2	6	5	8	7	4	1	9
5	8	9	1	3	4	7	2	6

8

4	2	3	8	6	1	9	5	7
6	8	9	3	7	5	2	4	1
1	5	7	2	4	9	6	3	8
5	6	2	9	1	3	8	7	4
9	3	8	7	2	4	5	1	6
7	4	1	5	8	6	3	2	9
8	9	4	1	5	2	7	6	3
3	1	5	6	9	7	4	8	2
2	7	6	4	3	8	1	9	5

9

7	4	5	8	9	2	3	1	6
1	2	3	6	5	7	9	4	8
9	6	8	3	4	1	7	2	5
5	8	7	9	1	6	4	3	2
2	3	9	4	8	5	1	6	7
6	1	4	7	2	3	5	8	9
4	7	2	5	3	8	6	9	1
8	9	6	1	7	4	2	5	3
3	5	1	2	6	9	8	7	4

10

4	1	8	9	6	5	7	3	2
2	7	6	3	4	1	5	8	9
5	3	9	2	8	7	6	1	4
3	9	5	6	7	4	8	2	1
1	4	7	8	3	2	9	5	6
6	8	2	5	1	9	4	7	3
8	5	3	1	9	6	2	4	7
9	2	4	7	5	3	1	6	8
7	6	1	4	2	8	3	9	5

11

9	4	2	5	3	7	1	6	8
1	5	6	9	8	2	4	3	7
8	3	7	4	6	1	2	5	9
4	7	9	8	5	3	6	1	2
6	8	5	2	1	4	9	7	3
2	1	3	6	7	9	5	8	4
7	2	1	3	9	5	8	4	6
5	9	8	7	4	6	3	2	1
3	6	4	1	2	8	7	9	5

12

8	9	6	5	7	4	3	1	2
3	7	4	1	9	2	8	5	6
1	2	5	3	6	8	7	4	9
6	3	1	8	2	7	5	9	4
7	4	9	6	5	1	2	8	3
5	8	2	4	3	9	6	7	1
9	5	7	2	1	3	4	6	8
2	1	8	7	4	6	9	3	5
4	6	3	9	8	5	1	2	7

13

8	5	4	7	1	9	3	2	6
1	6	7	2	5	3	9	4	8
3	2	9	8	4	6	7	5	1
2	3	1	4	6	8	5	7	9
7	9	5	1	3	2	8	6	4
4	8	6	9	7	5	1	3	2
5	1	3	6	9	4	2	8	7
6	7	2	5	8	1	4	9	3
9	4	8	3	2	7	6	1	5

14

4	8	7	9	3	5	1	2	6
1	9	5	2	6	7	4	8	3
3	6	2	1	8	4	7	9	5
7	5	8	4	9	1	6	3	2
6	3	4	8	5	2	9	1	7
2	1	9	3	7	6	5	4	8
9	7	1	6	2	3	8	5	4
8	2	6	5	4	9	3	7	1
5	4	3	7	1	8	2	6	9

15

9	1	7	8	2	3	5	4	6
8	5	2	6	1	4	7	9	3
4	3	6	7	5	9	8	1	2
6	8	5	2	4	1	9	3	7
2	4	9	3	7	8	6	5	1
1	7	3	5	9	6	2	8	4
5	9	4	1	6	7	3	2	8
7	2	8	4	3	5	1	6	9
3	6	1	9	8	2	4	7	5

16

3	8	5	4	7	2	1	6	9
2	6	1	5	9	8	7	4	3
4	9	7	1	3	6	2	8	5
7	1	2	9	8	3	6	5	4
9	5	4	6	1	7	3	2	8
6	3	8	2	5	4	9	7	1
1	7	6	3	4	5	8	9	2
5	2	9	8	6	1	4	3	7
8	4	3	7	2	9	5	1	6

17

2	7	3	4	5	8	9	1	6
4	8	5	1	6	9	7	2	3
1	9	6	7	3	2	4	8	5
8	6	4	5	2	1	3	9	7
3	5	2	9	8	7	1	6	4
7	1	9	6	4	3	8	5	2
9	3	8	2	7	5	6	4	1
5	4	7	8	1	6	2	3	9
6	2	1	3	9	4	5	7	8

18

7	9	4	8	3	5	6	2	1
8	6	5	2	1	7	3	4	9
1	2	3	4	6	9	5	8	7
4	1	9	7	5	8	2	3	6
3	7	8	6	4	2	1	9	5
2	5	6	1	9	3	8	7	4
9	4	1	3	8	6	7	5	2
5	8	2	9	7	1	4	6	3
6	3	7	5	2	4	9	1	8

19

8	1	7	2	6	4	5	3	9
9	5	2	7	8	3	1	4	6
3	6	4	9	1	5	2	8	7
1	7	6	3	9	8	4	2	5
4	2	8	5	7	6	9	1	3
5	3	9	1	4	2	7	6	8
6	9	3	4	5	1	8	7	2
2	4	5	8	3	7	6	9	1
7	8	1	6	2	9	3	5	4

20

3	4	8	6	9	7	2	5	1
1	2	6	4	5	8	7	3	9
7	5	9	1	2	3	4	6	8
4	9	5	3	7	2	1	8	6
6	7	2	9	8	1	3	4	5
8	1	3	5	6	4	9	2	7
2	8	1	7	3	6	5	9	4
9	3	7	8	4	5	6	1	2
5	6	4	2	1	9	8	7	3

21

1	6	4	5	8	7	9	2	3
8	3	5	4	9	2	6	7	1
7	2	9	1	3	6	8	4	5
2	5	7	3	4	9	1	6	8
3	4	6	8	7	1	2	5	9
9	8	1	6	2	5	7	3	4
5	9	8	7	6	4	3	1	2
4	7	3	2	1	8	5	9	6
6	1	2	9	5	3	4	8	7

22

1	5	3	6	9	2	4	8	7
4	6	8	5	7	1	9	2	3
2	9	7	8	3	4	6	1	5
9	4	1	3	2	8	5	7	6
7	2	5	1	4	6	8	3	9
8	3	6	9	5	7	2	4	1
5	1	2	7	8	9	3	6	4
6	8	9	4	1	3	7	5	2
3	7	4	2	6	5	1	9	8

23

4	5	6	1	2	7	8	9	3
7	9	2	3	8	6	1	4	5
8	3	1	5	9	4	2	7	6
1	2	4	7	5	3	9	6	8
9	6	3	8	4	1	7	5	2
5	8	7	2	6	9	4	3	1
2	7	8	4	3	5	6	1	9
3	4	9	6	1	8	5	2	7
6	1	5	9	7	2	3	8	4

24

6	7	2	8	3	4	5	9	1
8	3	5	6	1	9	2	7	4
1	4	9	7	2	5	3	8	6
4	8	6	5	9	3	7	1	2
9	1	3	4	7	2	8	6	5
2	5	7	1	8	6	9	4	3
7	2	8	3	4	1	6	5	9
5	9	4	2	6	7	1	3	8
3	6	1	9	5	8	4	2	7

25

1	4	7	2	5	3	6	9	8
3	9	8	1	7	6	2	4	5
2	5	6	4	8	9	7	3	1
8	3	9	7	6	1	5	2	4
7	1	4	9	2	5	3	8	6
6	2	5	3	4	8	9	1	7
5	8	2	6	9	4	1	7	3
9	6	3	8	1	7	4	5	2
4	7	1	5	3	2	8	6	9

26

6	1	2	9	3	7	5	4	8
9	3	5	8	6	4	7	2	1
4	7	8	1	5	2	9	6	3
2	5	1	3	8	9	4	7	6
3	8	4	7	2	6	1	9	5
7	9	6	4	1	5	3	8	2
5	6	7	2	4	3	8	1	9
8	2	9	5	7	1	6	3	4
1	4	3	6	9	8	2	5	7

27

2	8	9	6	3	7	4	1	5
1	5	4	8	9	2	6	7	3
7	6	3	1	5	4	9	2	8
5	1	6	4	8	3	2	9	7
8	9	2	5	7	6	3	4	1
4	3	7	9	2	1	8	5	6
9	7	8	3	4	5	1	6	2
6	4	5	2	1	8	7	3	9
3	2	1	7	6	9	5	8	4

28

1	9	4	6	2	8	5	7	3
2	3	8	5	7	9	1	6	4
6	5	7	4	1	3	9	8	2
9	7	3	8	5	2	6	4	1
8	6	2	9	4	1	3	5	7
5	4	1	7	3	6	2	9	8
7	2	5	1	6	4	8	3	9
3	8	6	2	9	7	4	1	5
4	1	9	3	8	5	7	2	6

29

5	6	3	9	8	1	2	7	4
7	2	1	4	5	6	3	9	8
8	9	4	7	2	3	1	5	6
1	3	8	5	9	7	4	6	2
9	4	7	3	6	2	8	1	5
2	5	6	1	4	8	7	3	9
6	7	5	8	3	4	9	2	1
3	8	9	2	1	5	6	4	7
4	1	2	6	7	9	5	8	3

30

1	6	8	4	2	9	7	3	5
5	7	3	1	6	8	2	4	9
4	2	9	7	5	3	8	1	6
3	9	7	5	8	4	6	2	1
8	5	2	9	1	6	3	7	4
6	4	1	2	3	7	5	9	8
7	3	4	6	9	5	1	8	2
2	8	6	3	4	1	9	5	7
9	1	5	8	7	2	4	6	3

31

6	4	9	2	8	3	7	1	5
8	3	1	6	7	5	9	4	2
5	2	7	9	4	1	8	3	6
7	8	6	1	5	9	3	2	4
9	1	2	8	3	4	6	5	7
3	5	4	7	6	2	1	9	8
1	6	5	4	9	7	2	8	3
2	7	3	5	1	8	4	6	9
4	9	8	3	2	6	5	7	1

32

3	2	9	5	4	1	7	8	6
8	7	5	2	9	6	1	4	3
4	6	1	7	8	3	5	2	9
6	9	8	3	2	7	4	1	5
1	3	7	4	5	9	8	6	2
5	4	2	1	6	8	3	9	7
9	8	4	6	7	5	2	3	1
7	1	6	8	3	2	9	5	4
2	5	3	9	1	4	6	7	8

33

9	1	8	5	2	6	4	3	7
5	4	7	3	9	1	6	2	8
3	2	6	7	4	8	9	5	1
2	9	3	6	7	4	8	1	5
6	7	1	8	5	3	2	9	4
4	8	5	2	1	9	3	7	6
8	6	2	1	3	5	7	4	9
7	5	9	4	6	2	1	8	3
1	3	4	9	8	7	5	6	2

34

1	4	5	2	3	8	7	6	9
3	2	9	7	1	6	4	8	5
8	7	6	5	9	4	3	1	2
7	9	2	3	6	1	5	4	8
4	1	8	9	5	2	6	7	3
5	6	3	8	4	7	9	2	1
6	3	1	4	2	9	8	5	7
9	8	4	1	7	5	2	3	6
2	5	7	6	8	3	1	9	4

35

5	1	7	3	8	6	2	9	4
3	6	8	4	9	2	5	7	1
2	4	9	7	1	5	8	6	3
9	8	2	6	4	1	3	5	7
4	5	1	2	3	7	9	8	6
6	7	3	9	5	8	4	1	2
8	3	5	1	6	4	7	2	9
1	2	4	5	7	9	6	3	8
7	9	6	8	2	3	1	4	5

36

9	8	2	5	4	7	3	6	1
4	6	5	1	8	3	9	2	7
7	3	1	9	2	6	8	4	5
3	2	6	8	1	5	4	7	9
8	7	9	3	6	4	5	1	2
5	1	4	2	7	9	6	8	3
1	5	7	4	9	8	2	3	6
2	4	3	6	5	1	7	9	8
6	9	8	7	3	2	1	5	4

37

4	2	8	9	6	1	5	7	3
5	6	9	7	2	3	8	4	1
7	1	3	4	8	5	9	2	6
3	9	4	1	7	8	2	6	5
8	5	6	3	9	2	4	1	7
2	7	1	5	4	6	3	9	8
1	4	5	2	3	7	6	8	9
6	3	2	8	1	9	7	5	4
9	8	7	6	5	4	1	3	2

38

2	9	8	5	3	7	4	6	1
1	5	3	4	2	6	8	9	7
6	7	4	8	9	1	5	3	2
5	6	7	1	4	2	9	8	3
3	8	1	6	5	9	7	2	4
4	2	9	7	8	3	1	5	6
8	1	5	2	6	4	3	7	9
9	4	6	3	7	8	2	1	5
7	3	2	9	1	5	6	4	8

39

2	8	4	6	1	5	3	7	9
3	5	1	7	8	9	4	6	2
7	9	6	2	4	3	8	5	1
5	6	9	8	7	1	2	4	3
4	3	8	5	2	6	9	1	7
1	7	2	3	9	4	5	8	6
6	2	7	9	5	8	1	3	4
8	4	3	1	6	2	7	9	5
9	1	5	4	3	7	6	2	8

40

3	7	9	5	2	1	4	6	8
2	8	4	3	7	6	1	9	5
1	6	5	9	4	8	2	7	3
4	3	7	6	9	5	8	2	1
6	5	2	8	1	4	9	3	7
8	9	1	2	3	7	6	5	4
5	2	3	1	8	9	7	4	6
7	1	6	4	5	2	3	8	9
9	4	8	7	6	3	5	1	2

41

5	6	9	2	3	1	8	7	4
2	3	7	4	5	8	1	9	6
4	1	8	9	7	6	5	2	3
3	8	1	5	9	4	2	6	7
7	9	2	8	6	3	4	1	5
6	4	5	1	2	7	9	3	8
1	5	6	7	8	2	3	4	9
8	2	3	6	4	9	7	5	1
9	7	4	3	1	5	6	8	2

42

8	9	2	1	5	7	4	6	3
4	1	5	3	6	9	2	7	8
3	6	7	2	4	8	1	5	9
7	2	1	5	8	3	6	9	4
5	3	6	9	7	4	8	2	1
9	4	8	6	1	2	5	3	7
2	8	4	7	9	5	3	1	6
1	5	9	8	3	6	7	4	2
6	7	3	4	2	1	9	8	5

43

1	7	3	4	8	6	2	9	5
6	4	9	2	5	7	1	8	3
8	2	5	9	1	3	7	4	6
4	6	1	8	7	9	3	5	2
9	3	8	1	2	5	4	6	7
2	5	7	6	3	4	9	1	8
3	8	6	7	9	1	5	2	4
5	1	2	3	4	8	6	7	9
7	9	4	5	6	2	8	3	1

44

7	1	3	9	4	2	8	5	6
9	4	2	6	8	5	3	7	1
8	6	5	3	7	1	4	9	2
6	3	7	2	5	8	1	4	9
2	9	1	4	6	7	5	3	8
5	8	4	1	9	3	2	6	7
1	2	6	5	3	9	7	8	4
3	7	9	8	2	4	6	1	5
4	5	8	7	1	6	9	2	3

45

5	8	7	1	6	4	3	2	9
9	2	6	5	7	3	1	8	4
3	4	1	9	8	2	7	6	5
2	9	3	6	1	5	8	4	7
6	7	8	3	4	9	5	1	2
4	1	5	7	2	8	9	3	6
8	5	9	4	3	6	2	7	1
1	3	4	2	5	7	6	9	8
7	6	2	8	9	1	4	5	3

46

3	7	5	6	1	2	8	4	9
6	1	8	3	9	4	5	7	2
4	9	2	5	7	8	3	1	6
1	8	6	9	5	3	7	2	4
2	5	9	8	4	7	6	3	1
7	3	4	2	6	1	9	8	5
8	6	7	1	2	9	4	5	3
9	4	1	7	3	5	2	6	8
5	2	3	4	8	6	1	9	7

47

7	1	5	2	4	3	8	9	6
2	6	3	5	8	9	1	7	4
9	4	8	7	1	6	5	3	2
1	8	9	6	5	7	2	4	3
5	3	6	9	2	4	7	1	8
4	7	2	8	3	1	9	6	5
6	5	1	3	7	8	4	2	9
8	9	4	1	6	2	3	5	7
3	2	7	4	9	5	6	8	1

48

7	1	8	3	6	4	9	2	5
2	4	5	9	1	7	6	8	3
3	9	6	8	5	2	1	4	7
5	3	4	1	7	6	8	9	2
6	8	2	5	3	9	4	7	1
9	7	1	4	2	8	5	3	6
8	5	3	7	9	1	2	6	4
4	2	7	6	8	5	3	1	9
1	6	9	2	4	3	7	5	8

49

1	3	8	9	5	2	4	6	7
7	9	2	4	3	6	5	1	8
6	5	4	8	1	7	3	9	2
4	2	1	5	8	9	6	7	3
9	8	6	3	7	1	2	4	5
3	7	5	2	6	4	1	8	9
5	1	3	7	4	8	9	2	6
2	6	7	1	9	3	8	5	4
8	4	9	6	2	5	7	3	1

50

2	8	7	4	6	9	5	3	1
6	9	3	2	5	1	7	8	4
5	4	1	3	8	7	9	2	6
4	7	5	6	1	3	8	9	2
8	3	9	5	2	4	6	1	7
1	6	2	7	9	8	3	4	5
7	1	4	9	3	5	2	6	8
3	2	8	1	7	6	4	5	9
9	5	6	8	4	2	1	7	3

51

6	8	7	4	1	2	9	3	5
9	4	1	7	5	3	8	6	2
3	5	2	8	9	6	4	7	1
8	1	3	9	7	4	2	5	6
4	2	5	6	8	1	7	9	3
7	9	6	2	3	5	1	4	8
1	3	8	5	4	9	6	2	7
2	7	9	3	6	8	5	1	4
5	6	4	1	2	7	3	8	9

52

1	7	5	9	8	4	3	6	2
8	6	4	5	2	3	9	1	7
9	2	3	1	7	6	4	8	5
4	3	2	7	1	5	8	9	6
7	5	8	3	6	9	1	2	4
6	1	9	2	4	8	7	5	3
5	9	1	4	3	2	6	7	8
2	4	6	8	9	7	5	3	1
3	8	7	6	5	1	2	4	9

53

7	5	1	4	9	8	6	3	2
4	6	2	1	3	7	5	9	8
9	3	8	6	5	2	7	1	4
5	8	6	2	4	3	1	7	9
2	9	3	7	6	1	8	4	5
1	7	4	9	8	5	3	2	6
6	1	7	8	2	9	4	5	3
3	4	9	5	7	6	2	8	1
8	2	5	3	1	4	9	6	7

54

1	8	3	4	7	5	9	2	6
4	5	6	3	2	9	7	1	8
2	7	9	1	6	8	3	5	4
8	6	1	7	9	2	4	3	5
5	3	2	8	4	1	6	9	7
9	4	7	6	5	3	2	8	1
6	9	5	2	1	7	8	4	3
7	2	8	5	3	4	1	6	9
3	1	4	9	8	6	5	7	2

55

3	4	8	7	2	6	1	9	5
5	1	7	8	9	4	3	6	2
2	6	9	3	5	1	8	4	7
1	9	4	2	3	8	7	5	6
7	5	3	6	4	9	2	1	8
6	8	2	5	1	7	9	3	4
4	3	6	1	8	2	5	7	9
8	7	1	9	6	5	4	2	3
9	2	5	4	7	3	6	8	1

56

1	7	3	8	5	4	2	9	6
9	2	6	1	3	7	4	5	8
8	5	4	6	2	9	7	3	1
5	1	7	3	4	8	6	2	9
3	9	8	7	6	2	1	4	5
6	4	2	5	9	1	3	8	7
4	6	1	2	8	5	9	7	3
7	8	9	4	1	3	5	6	2
2	3	5	9	7	6	8	1	4

57

2	8	3	5	7	9	1	4	6
5	9	4	3	1	6	7	8	2
6	7	1	4	2	8	5	3	9
4	6	5	8	9	2	3	7	1
9	3	8	1	5	7	6	2	4
7	1	2	6	4	3	8	9	5
8	5	9	2	3	1	4	6	7
1	2	6	7	8	4	9	5	3
3	4	7	9	6	5	2	1	8

58

3	9	1	6	8	4	7	5	2
4	2	5	7	3	9	1	8	6
8	6	7	1	5	2	4	9	3
2	8	3	5	1	6	9	4	7
9	1	4	2	7	8	3	6	5
5	7	6	4	9	3	8	2	1
6	3	9	8	2	1	5	7	4
7	4	8	3	6	5	2	1	9
1	5	2	9	4	7	6	3	8

59

6	9	2	5	3	7	1	4	8
7	8	3	4	1	2	6	5	9
1	5	4	9	8	6	7	2	3
2	6	1	3	5	8	4	9	7
8	3	9	7	2	4	5	6	1
4	7	5	6	9	1	8	3	2
9	1	6	2	7	5	3	8	4
5	2	8	1	4	3	9	7	6
3	4	7	8	6	9	2	1	5

60

6	9	1	7	8	3	4	2	5
2	7	8	5	1	4	3	6	9
4	5	3	9	2	6	7	8	1
1	6	9	3	7	2	8	5	4
3	8	7	4	6	5	1	9	2
5	2	4	1	9	8	6	7	3
9	1	5	8	4	7	2	3	6
8	3	6	2	5	1	9	4	7
7	4	2	6	3	9	5	1	8

61

7	8	1	6	3	2	9	4	5
9	5	2	7	1	4	6	3	8
4	3	6	8	9	5	7	1	2
2	4	9	3	7	6	8	5	1
6	7	3	5	8	1	2	9	4
5	1	8	4	2	9	3	6	7
1	9	4	2	6	7	5	8	3
8	6	7	1	5	3	4	2	9
3	2	5	9	4	8	1	7	6

62

4	3	5	6	8	9	2	1	7
2	1	8	5	7	4	3	6	9
7	6	9	1	3	2	8	5	4
9	2	7	3	4	1	6	8	5
1	5	6	2	9	8	7	4	3
3	8	4	7	6	5	9	2	1
8	4	2	9	1	7	5	3	6
5	7	3	4	2	6	1	9	8
6	9	1	8	5	3	4	7	2

63

1	9	4	2	6	8	3	7	5
8	5	3	9	7	4	6	1	2
7	2	6	3	5	1	9	8	4
5	1	7	8	4	3	2	9	6
9	4	8	1	2	6	7	5	3
3	6	2	7	9	5	8	4	1
4	7	5	6	3	9	1	2	8
2	3	1	5	8	7	4	6	9
6	8	9	4	1	2	5	3	7

64

5	9	3	8	1	4	2	6	7
6	8	7	5	9	2	1	3	4
1	4	2	3	7	6	8	9	5
3	7	1	9	5	8	4	2	6
2	5	8	4	6	3	9	7	1
9	6	4	7	2	1	5	8	3
7	2	5	1	3	9	6	4	8
8	3	9	6	4	5	7	1	2
4	1	6	2	8	7	3	5	9

65

5	3	9	7	2	1	4	8	6
1	4	2	8	5	6	3	9	7
7	8	6	4	3	9	2	1	5
2	6	8	5	9	4	1	7	3
3	9	5	1	7	8	6	2	4
4	7	1	2	6	3	9	5	8
8	5	4	6	1	2	7	3	9
6	2	3	9	8	7	5	4	1
9	1	7	3	4	5	8	6	2

66

2	7	8	9	6	3	1	5	4
6	4	5	7	1	2	8	3	9
9	3	1	8	5	4	2	7	6
8	2	3	6	4	1	7	9	5
1	5	9	3	8	7	4	6	2
7	6	4	2	9	5	3	8	1
4	8	2	5	7	9	6	1	3
3	9	7	1	2	6	5	4	8
5	1	6	4	3	8	9	2	7

67

3	6	1	4	7	9	8	2	5
8	5	9	6	2	3	4	1	7
4	7	2	8	1	5	3	6	9
5	9	3	1	4	7	6	8	2
6	2	4	3	5	8	9	7	1
1	8	7	9	6	2	5	3	4
7	3	5	2	9	6	1	4	8
2	1	8	5	3	4	7	9	6
9	4	6	7	8	1	2	5	3

68

3	6	1	4	9	8	7	2	5
9	5	8	2	7	6	1	4	3
4	7	2	1	3	5	8	9	6
5	8	4	7	1	9	6	3	2
1	2	3	6	5	4	9	8	7
6	9	7	3	8	2	5	1	4
7	3	5	9	2	1	4	6	8
2	4	9	8	6	7	3	5	1
8	1	6	5	4	3	2	7	9

69

8	5	2	7	9	1	4	3	6
6	7	1	3	2	4	8	5	9
9	4	3	5	8	6	2	1	7
4	6	9	8	5	3	7	2	1
2	1	7	6	4	9	5	8	3
3	8	5	1	7	2	9	6	4
1	9	4	2	3	8	6	7	5
5	3	8	9	6	7	1	4	2
7	2	6	4	1	5	3	9	8

70

7	8	5	1	9	2	4	6	3
3	2	1	6	4	7	8	5	9
9	6	4	5	3	8	2	1	7
2	1	8	4	6	9	7	3	5
5	9	3	8	7	1	6	4	2
4	7	6	3	2	5	1	9	8
1	3	2	7	5	6	9	8	4
6	5	9	2	8	4	3	7	1
8	4	7	9	1	3	5	2	6

71

5	7	3	8	1	9	6	2	4
8	1	6	4	2	7	3	9	5
9	4	2	6	5	3	7	8	1
6	2	8	3	4	1	5	7	9
7	5	4	9	6	2	1	3	8
1	3	9	5	7	8	2	4	6
2	6	7	1	8	4	9	5	3
3	8	5	2	9	6	4	1	7
4	9	1	7	3	5	8	6	2

72

4	7	9	5	6	2	8	1	3
3	5	6	8	7	1	4	9	2
1	8	2	3	4	9	7	6	5
6	4	8	2	1	7	3	5	9
9	1	7	6	3	5	2	8	4
5	2	3	9	8	4	6	7	1
2	3	1	7	9	6	5	4	8
8	6	4	1	5	3	9	2	7
7	9	5	4	2	8	1	3	6

73

3	4	8	5	9	1	6	2	7
9	6	1	2	7	4	3	5	8
5	7	2	3	8	6	1	4	9
2	3	4	1	5	9	7	8	6
1	8	6	7	2	3	5	9	4
7	9	5	6	4	8	2	1	3
8	1	7	4	3	2	9	6	5
4	2	3	9	6	5	8	7	1
6	5	9	8	1	7	4	3	2

74

5	7	4	6	9	2	1	8	3
9	2	3	5	8	1	7	6	4
8	6	1	4	3	7	9	5	2
7	5	9	8	6	4	3	2	1
2	3	6	7	1	9	5	4	8
4	1	8	3	2	5	6	9	7
6	9	7	2	4	3	8	1	5
1	4	5	9	7	8	2	3	6
3	8	2	1	5	6	4	7	9

75

7	8	2	6	4	1	3	5	9
9	6	5	2	7	3	4	8	1
4	1	3	8	5	9	6	7	2
5	2	9	4	3	6	8	1	7
8	3	7	5	1	2	9	6	4
6	4	1	7	9	8	5	2	3
3	5	4	1	6	7	2	9	8
2	7	6	9	8	4	1	3	5
1	9	8	3	2	5	7	4	6

76

8	3	9	7	5	1	6	2	4
7	5	6	3	2	4	9	1	8
2	4	1	6	8	9	7	3	5
9	2	4	1	6	7	8	5	3
1	6	8	2	3	5	4	9	7
3	7	5	4	9	8	1	6	2
5	1	7	9	4	2	3	8	6
6	9	2	8	7	3	5	4	1
4	8	3	5	1	6	2	7	9

77

4	3	6	5	8	1	7	2	9
1	8	2	9	7	6	3	5	4
5	7	9	2	3	4	8	1	6
7	2	8	6	4	3	5	9	1
3	6	5	8	1	9	4	7	2
9	4	1	7	2	5	6	8	3
6	5	3	1	9	7	2	4	8
8	1	7	4	6	2	9	3	5
2	9	4	3	5	8	1	6	7

78

6	4	9	3	1	8	5	2	7
5	1	2	4	9	7	3	8	6
7	3	8	6	5	2	9	4	1
9	8	6	2	3	4	7	1	5
1	2	7	8	6	5	4	9	3
4	5	3	9	7	1	8	6	2
8	6	4	7	2	3	1	5	9
3	9	5	1	4	6	2	7	8
2	7	1	5	8	9	6	3	4

79

8	6	4	9	3	1	7	2	5
1	2	3	5	7	4	8	6	9
9	7	5	8	2	6	1	4	3
7	4	6	2	1	3	5	9	8
5	3	8	4	9	7	2	1	6
2	1	9	6	5	8	4	3	7
3	5	7	1	6	2	9	8	4
4	9	2	3	8	5	6	7	1
6	8	1	7	4	9	3	5	2

80

3	9	7	4	8	6	1	5	2
2	5	4	3	7	1	8	6	9
6	8	1	5	9	2	4	7	3
5	4	2	7	1	8	9	3	6
7	1	9	6	5	3	2	4	8
8	6	3	2	4	9	5	1	7
1	3	6	8	2	4	7	9	5
4	7	8	9	3	5	6	2	1
9	2	5	1	6	7	3	8	4

81

9	7	1	5	3	6	4	2	8
3	4	5	8	2	9	6	1	7
8	6	2	7	4	1	3	9	5
4	2	3	1	5	8	9	7	6
5	9	7	4	6	2	1	8	3
1	8	6	9	7	3	2	5	4
7	3	4	2	1	5	8	6	9
2	5	8	6	9	4	7	3	1
6	1	9	3	8	7	5	4	2

82

7	5	3	1	6	4	2	8	9
6	4	8	5	2	9	1	3	7
9	1	2	8	3	7	5	6	4
3	2	6	4	5	8	7	9	1
4	7	5	6	9	1	3	2	8
1	8	9	2	7	3	6	4	5
2	6	4	7	8	5	9	1	3
5	9	1	3	4	2	8	7	6
8	3	7	9	1	6	4	5	2

83

2	7	3	9	4	6	1	8	5
4	8	6	7	1	5	2	3	9
9	1	5	3	2	8	7	4	6
6	4	2	5	3	9	8	1	7
5	3	8	1	7	4	6	9	2
7	9	1	6	8	2	3	5	4
8	6	7	4	9	3	5	2	1
3	5	9	2	6	1	4	7	8
1	2	4	8	5	7	9	6	3

84

7	1	8	9	4	6	3	2	5
9	2	4	5	3	7	1	6	8
3	6	5	2	1	8	7	4	9
6	5	9	4	8	3	2	1	7
1	3	2	7	6	5	9	8	4
4	8	7	1	2	9	6	5	3
2	7	3	8	5	1	4	9	6
8	4	6	3	9	2	5	7	1
5	9	1	6	7	4	8	3	2

85

6	2	3	5	1	9	8	4	7
4	5	7	3	8	6	2	9	1
9	8	1	4	7	2	6	3	5
8	9	4	6	3	1	7	5	2
1	6	5	2	4	7	9	8	3
7	3	2	8	9	5	4	1	6
2	1	6	9	5	8	3	7	4
3	7	8	1	6	4	5	2	9
5	4	9	7	2	3	1	6	8

86

8	9	3	6	4	5	2	1	7
6	4	1	8	7	2	3	9	5
2	5	7	3	1	9	4	6	8
9	8	6	2	5	3	1	7	4
3	1	4	7	9	8	5	2	6
5	7	2	1	6	4	9	8	3
1	6	5	9	3	7	8	4	2
4	2	9	5	8	6	7	3	1
7	3	8	4	2	1	6	5	9

87

1	7	2	5	3	6	8	9	4
5	9	6	8	1	4	3	2	7
3	8	4	7	2	9	5	6	1
4	1	7	3	6	2	9	5	8
2	6	9	4	5	8	7	1	3
8	5	3	1	9	7	6	4	2
7	3	1	9	4	5	2	8	6
9	2	8	6	7	1	4	3	5
6	4	5	2	8	3	1	7	9

88

3	9	5	4	2	6	8	7	1
1	2	4	7	8	3	9	5	6
8	7	6	9	5	1	4	2	3
9	4	7	3	6	2	1	8	5
5	8	3	1	9	4	7	6	2
6	1	2	5	7	8	3	4	9
2	6	1	8	4	9	5	3	7
4	5	9	6	3	7	2	1	8
7	3	8	2	1	5	6	9	4

89

8	9	1	7	3	5	2	4	6
2	3	6	8	4	1	5	7	9
7	5	4	2	6	9	8	3	1
1	7	3	9	5	6	4	2	8
9	6	8	3	2	4	1	5	7
4	2	5	1	8	7	9	6	3
5	4	9	6	1	3	7	8	2
6	1	2	4	7	8	3	9	5
3	8	7	5	9	2	6	1	4

90

4	9	2	1	7	5	6	8	3
5	6	3	2	8	9	4	1	7
7	1	8	6	4	3	5	9	2
2	4	5	3	1	7	8	6	9
9	8	7	4	2	6	3	5	1
6	3	1	5	9	8	2	7	4
8	2	4	7	6	1	9	3	5
3	7	6	9	5	2	1	4	8
1	5	9	8	3	4	7	2	6

91

6	9	1	7	5	8	4	2	3
2	8	5	3	4	1	9	6	7
4	3	7	9	2	6	8	1	5
5	7	3	2	6	4	1	9	8
9	6	2	1	8	7	3	5	4
1	4	8	5	3	9	2	7	6
3	5	4	6	1	2	7	8	9
8	1	9	4	7	5	6	3	2
7	2	6	8	9	3	5	4	1

92

8	5	9	4	3	6	7	2	1
7	3	2	1	5	8	9	4	6
6	4	1	2	7	9	8	5	3
1	6	3	9	2	7	5	8	4
5	8	7	6	4	1	2	3	9
2	9	4	3	8	5	6	1	7
9	2	8	7	1	4	3	6	5
3	1	6	5	9	2	4	7	8
4	7	5	8	6	3	1	9	2

93

2	3	4	8	9	5	1	6	7
5	6	1	3	7	4	9	2	8
9	7	8	6	1	2	5	4	3
7	8	5	4	3	1	6	9	2
4	1	6	9	2	7	8	3	5
3	2	9	5	8	6	4	7	1
1	5	7	2	4	9	3	8	6
6	9	3	7	5	8	2	1	4
8	4	2	1	6	3	7	5	9

94

6	7	2	4	8	9	1	3	5
3	1	4	7	6	5	9	8	2
5	8	9	1	2	3	7	6	4
8	2	7	9	1	4	6	5	3
9	5	1	8	3	6	2	4	7
4	3	6	5	7	2	8	9	1
7	9	3	2	5	8	4	1	6
2	4	5	6	9	1	3	7	8
1	6	8	3	4	7	5	2	9

95

4	1	6	9	8	3	7	2	5
8	3	2	7	5	6	1	9	4
5	7	9	2	4	1	6	3	8
7	9	4	8	6	2	5	1	3
3	6	5	4	1	9	8	7	2
1	2	8	5	3	7	4	6	9
2	8	7	6	9	4	3	5	1
9	5	3	1	7	8	2	4	6
6	4	1	3	2	5	9	8	7

96

7	3	5	8	6	9	1	4	2
2	9	4	1	7	3	6	8	5
1	6	8	5	2	4	7	3	9
3	7	1	9	4	2	8	5	6
5	8	9	6	3	1	4	2	7
6	4	2	7	8	5	9	1	3
4	5	7	2	9	8	3	6	1
9	1	3	4	5	6	2	7	8
8	2	6	3	1	7	5	9	4

97

4	6	5	7	9	1	2	8	3
3	7	1	2	6	8	4	9	5
9	8	2	4	3	5	7	6	1
6	1	8	5	2	9	3	4	7
5	4	7	3	8	6	9	1	2
2	3	9	1	7	4	6	5	8
1	5	3	6	4	2	8	7	9
7	9	4	8	1	3	5	2	6
8	2	6	9	5	7	1	3	4

98

5	7	4	3	1	2	9	8	6
9	2	1	7	8	6	4	5	3
6	3	8	9	4	5	1	2	7
4	1	3	2	6	7	8	9	5
2	8	5	1	9	3	6	7	4
7	9	6	8	5	4	3	1	2
3	5	9	4	2	1	7	6	8
1	6	7	5	3	8	2	4	9
8	4	2	6	7	9	5	3	1

99

7	1	9	3	6	5	4	2	8
5	8	3	2	9	4	1	6	7
6	4	2	8	1	7	3	9	5
1	3	8	9	5	2	6	7	4
4	5	6	7	8	1	9	3	2
2	9	7	6	4	3	5	8	1
9	6	5	4	2	8	7	1	3
3	2	1	5	7	9	8	4	6
8	7	4	1	3	6	2	5	9

100

2	8	5	9	4	6	1	7	3
7	4	3	2	1	8	9	5	6
6	9	1	5	7	3	8	2	4
8	7	6	3	9	5	4	1	2
1	3	9	4	8	2	5	6	7
5	2	4	7	6	1	3	8	9
4	5	2	1	3	7	6	9	8
9	6	7	8	5	4	2	3	1
3	1	8	6	2	9	7	4	5

101

8	6	4	3	5	7	9	2	1
2	1	5	6	9	8	4	3	7
9	7	3	4	2	1	8	6	5
1	9	2	8	6	3	5	7	4
3	8	6	5	7	4	1	9	2
4	5	7	2	1	9	6	8	3
6	3	8	7	4	5	2	1	9
5	2	1	9	3	6	7	4	8
7	4	9	1	8	2	3	5	6

102

2	1	5	7	4	8	9	3	6
9	4	3	1	2	6	5	8	7
7	8	6	3	9	5	4	1	2
4	6	7	8	1	9	2	5	3
8	9	2	5	7	3	1	6	4
5	3	1	2	6	4	7	9	8
6	2	4	9	8	1	3	7	5
1	5	8	4	3	7	6	2	9
3	7	9	6	5	2	8	4	1

103

8	3	2	1	9	7	6	4	5
1	6	7	2	4	5	9	8	3
4	9	5	8	6	3	2	7	1
5	8	6	4	1	2	3	9	7
9	2	1	7	3	6	4	5	8
3	7	4	5	8	9	1	2	6
2	4	8	6	7	1	5	3	9
7	1	9	3	5	4	8	6	2
6	5	3	9	2	8	7	1	4

104

9	8	3	2	6	1	4	5	7
5	2	7	9	4	3	8	6	1
1	4	6	5	8	7	9	3	2
8	3	4	1	2	6	7	9	5
6	1	5	7	3	9	2	4	8
2	7	9	4	5	8	3	1	6
3	5	8	6	7	4	1	2	9
7	6	1	3	9	2	5	8	4
4	9	2	8	1	5	6	7	3

105

3	1	6	9	7	8	2	4	5
8	2	7	3	4	5	1	9	6
4	5	9	6	1	2	3	7	8
1	8	5	4	3	6	9	2	7
7	9	4	5	2	1	6	8	3
2	6	3	8	9	7	4	5	1
5	7	1	2	6	9	8	3	4
9	4	8	1	5	3	7	6	2
6	3	2	7	8	4	5	1	9

106

9	1	5	3	7	6	2	8	4
3	4	8	9	1	2	7	5	6
2	7	6	8	5	4	3	1	9
8	9	3	2	6	1	4	7	5
5	2	1	7	4	8	9	6	3
7	6	4	5	3	9	8	2	1
6	3	7	4	8	5	1	9	2
4	5	9	1	2	7	6	3	8
1	8	2	6	9	3	5	4	7

107

7	2	5	3	1	9	6	8	4
6	1	4	8	2	7	5	9	3
8	3	9	5	4	6	2	1	7
3	9	6	1	5	2	4	7	8
1	4	8	7	6	3	9	2	5
2	5	7	9	8	4	3	6	1
5	6	3	2	7	8	1	4	9
4	8	1	6	9	5	7	3	2
9	7	2	4	3	1	8	5	6

108

2	1	4	3	6	8	5	9	7
8	9	5	4	1	7	3	2	6
6	3	7	5	9	2	4	8	1
3	7	9	1	2	4	6	5	8
5	2	1	6	8	3	7	4	9
4	8	6	9	7	5	2	1	3
7	4	3	8	5	9	1	6	2
1	5	8	2	3	6	9	7	4
9	6	2	7	4	1	8	3	5

109

4	7	2	5	3	9	8	6	1
3	8	6	2	4	1	5	9	7
9	1	5	6	7	8	2	3	4
6	4	8	7	9	3	1	2	5
5	3	1	8	2	4	9	7	6
2	9	7	1	6	5	3	4	8
1	6	4	3	8	2	7	5	9
7	5	3	9	1	6	4	8	2
8	2	9	4	5	7	6	1	3

110

7	2	3	5	8	1	4	6	9
4	1	6	9	2	7	8	3	5
9	8	5	6	3	4	7	2	1
5	9	1	4	6	3	2	7	8
6	7	8	2	1	9	5	4	3
3	4	2	8	7	5	9	1	6
1	5	7	3	9	2	6	8	4
8	3	9	7	4	6	1	5	2
2	6	4	1	5	8	3	9	7

111

1	7	2	5	9	8	3	4	6
4	3	9	2	7	6	5	1	8
6	8	5	4	1	3	7	9	2
9	6	7	8	2	5	4	3	1
2	5	3	6	4	1	8	7	9
8	4	1	9	3	7	6	2	5
3	9	8	1	6	4	2	5	7
7	2	6	3	5	9	1	8	4
5	1	4	7	8	2	9	6	3

112

8	7	9	1	3	6	4	2	5
2	4	6	8	9	5	1	7	3
1	5	3	4	2	7	6	9	8
5	6	8	3	7	2	9	1	4
9	1	2	5	6	4	8	3	7
4	3	7	9	8	1	2	5	6
3	8	5	6	1	9	7	4	2
7	9	4	2	5	8	3	6	1
6	2	1	7	4	3	5	8	9

113

2	8	5	7	9	3	6	4	1
9	7	4	8	6	1	2	5	3
1	3	6	4	2	5	7	9	8
3	9	7	6	1	8	5	2	4
6	4	1	5	7	2	3	8	9
8	5	2	3	4	9	1	6	7
4	2	3	1	8	6	9	7	5
5	6	8	9	3	7	4	1	2
7	1	9	2	5	4	8	3	6

114

9	3	6	2	7	1	8	4	5
8	2	4	6	5	9	7	3	1
1	7	5	3	4	8	2	6	9
6	5	2	9	3	7	4	1	8
4	9	1	5	8	2	6	7	3
3	8	7	4	1	6	9	5	2
5	6	9	7	2	3	1	8	4
2	1	3	8	6	4	5	9	7
7	4	8	1	9	5	3	2	6

115

5	3	1	6	4	2	8	7	9
9	6	7	8	3	5	4	2	1
8	2	4	7	9	1	3	5	6
1	8	6	2	5	3	9	4	7
4	7	9	1	6	8	5	3	2
2	5	3	9	7	4	1	6	8
6	9	5	4	1	7	2	8	3
7	4	8	3	2	9	6	1	5
3	1	2	5	8	6	7	9	4

116

4	5	2	6	1	3	9	7	8
8	3	7	4	5	9	2	1	6
1	9	6	2	7	8	3	5	4
3	2	9	7	6	1	8	4	5
7	4	1	8	2	5	6	9	3
6	8	5	3	9	4	7	2	1
2	1	3	9	4	6	5	8	7
5	7	8	1	3	2	4	6	9
9	6	4	5	8	7	1	3	2

117

5	9	1	6	7	2	3	8	4
3	6	4	8	5	1	2	7	9
8	7	2	9	3	4	1	6	5
6	5	8	7	9	3	4	2	1
9	1	7	4	2	5	6	3	8
4	2	3	1	6	8	9	5	7
2	8	9	5	1	6	7	4	3
1	3	5	2	4	7	8	9	6
7	4	6	3	8	9	5	1	2

118

8	4	3	7	9	6	5	1	2
2	6	7	1	4	5	8	3	9
5	9	1	2	3	8	7	6	4
4	1	5	3	7	2	6	9	8
7	3	6	8	5	9	4	2	1
9	2	8	6	1	4	3	5	7
3	7	2	5	8	1	9	4	6
1	5	4	9	6	7	2	8	3
6	8	9	4	2	3	1	7	5

119

2	4	1	6	8	3	7	5	9
7	9	8	5	4	1	2	3	6
5	3	6	9	2	7	4	8	1
1	7	5	3	6	8	9	2	4
9	2	4	7	1	5	3	6	8
8	6	3	4	9	2	5	1	7
6	8	7	2	5	4	1	9	3
3	5	9	1	7	6	8	4	2
4	1	2	8	3	9	6	7	5

120

6	8	2	1	3	7	4	9	5
5	4	7	8	2	9	3	6	1
3	9	1	4	5	6	7	2	8
8	1	6	7	9	4	5	3	2
9	3	5	2	8	1	6	7	4
2	7	4	5	6	3	8	1	9
4	2	9	6	7	8	1	5	3
1	6	3	9	4	5	2	8	7
7	5	8	3	1	2	9	4	6

121

5	9	7	1	4	2	8	6	3
6	8	1	9	7	3	2	4	5
2	3	4	5	6	8	7	9	1
3	7	5	2	9	6	4	1	8
1	4	2	8	5	7	6	3	9
8	6	9	3	1	4	5	2	7
7	1	3	6	2	5	9	8	4
4	2	8	7	3	9	1	5	6
9	5	6	4	8	1	3	7	2

122

9	1	7	8	6	2	3	5	4
3	8	4	5	7	9	2	1	6
6	5	2	4	3	1	8	9	7
4	7	9	2	8	6	5	3	1
1	2	6	9	5	3	4	7	8
8	3	5	1	4	7	6	2	9
5	4	1	7	2	8	9	6	3
7	6	8	3	9	5	1	4	2
2	9	3	6	1	4	7	8	5

123

7	9	4	8	1	3	6	5	2
6	5	3	7	2	9	4	1	8
2	8	1	6	5	4	9	3	7
5	3	8	4	9	1	2	7	6
9	1	7	2	6	8	5	4	3
4	2	6	5	3	7	8	9	1
8	4	2	3	7	5	1	6	9
1	7	5	9	8	6	3	2	4
3	6	9	1	4	2	7	8	5

124

8	2	9	5	7	1	4	3	6
5	3	4	9	6	8	7	2	1
6	1	7	2	4	3	5	8	9
4	6	5	3	2	7	1	9	8
2	9	1	4	8	5	6	7	3
3	7	8	1	9	6	2	4	5
7	5	3	8	1	4	9	6	2
1	4	2	6	3	9	8	5	7
9	8	6	7	5	2	3	1	4

125

9	5	3	7	6	4	8	2	1
2	1	4	3	8	9	5	6	7
6	7	8	1	5	2	4	3	9
7	8	1	5	2	3	6	9	4
5	9	6	4	7	1	2	8	3
4	3	2	8	9	6	7	1	5
3	6	5	2	1	7	9	4	8
1	2	7	9	4	8	3	5	6
8	4	9	6	3	5	1	7	2

126

7	6	8	5	2	9	1	4	3
4	2	5	3	7	1	9	6	8
9	1	3	8	4	6	5	7	2
5	4	1	6	8	7	2	3	9
6	8	2	9	3	4	7	1	5
3	9	7	2	1	5	6	8	4
2	7	9	4	6	3	8	5	1
8	3	6	1	5	2	4	9	7
1	5	4	7	9	8	3	2	6

127

2	1	8	6	7	9	4	5	3
9	6	3	5	2	4	1	8	7
5	7	4	3	8	1	2	6	9
4	2	6	9	5	7	8	3	1
7	8	5	1	4	3	9	2	6
3	9	1	8	6	2	5	7	4
6	5	9	4	3	8	7	1	2
1	3	7	2	9	5	6	4	8
8	4	2	7	1	6	3	9	5

128

5	9	2	1	7	6	4	8	3
3	1	8	2	5	4	6	7	9
4	7	6	3	9	8	1	5	2
2	8	1	4	3	5	9	6	7
9	4	7	6	8	2	3	1	5
6	3	5	9	1	7	8	2	4
8	5	3	7	4	1	2	9	6
7	6	9	8	2	3	5	4	1
1	2	4	5	6	9	7	3	8

129

1	7	2	4	3	8	9	5	6
3	6	8	2	5	9	4	7	1
9	4	5	6	1	7	2	3	8
4	1	6	7	2	5	3	8	9
2	8	7	3	9	4	6	1	5
5	9	3	8	6	1	7	2	4
8	3	9	5	4	2	1	6	7
7	2	4	1	8	6	5	9	3
6	5	1	9	7	3	8	4	2

130

1	5	2	8	3	7	4	9	6
6	4	7	2	9	5	8	3	1
9	8	3	4	6	1	2	5	7
8	6	5	1	4	3	9	7	2
7	3	1	9	5	2	6	4	8
2	9	4	7	8	6	5	1	3
3	2	6	5	1	4	7	8	9
4	1	9	6	7	8	3	2	5
5	7	8	3	2	9	1	6	4

131

4	5	3	8	2	6	1	9	7
1	8	7	3	5	9	4	6	2
2	9	6	4	7	1	5	8	3
9	7	4	1	6	3	8	2	5
3	1	2	5	8	7	9	4	6
5	6	8	2	9	4	7	3	1
6	4	1	7	3	8	2	5	9
8	2	9	6	1	5	3	7	4
7	3	5	9	4	2	6	1	8

132

1	3	2	9	6	4	7	5	8
7	6	8	2	3	5	1	9	4
5	9	4	8	1	7	6	3	2
3	8	9	1	4	6	5	2	7
2	7	6	3	5	9	4	8	1
4	1	5	7	8	2	3	6	9
9	5	1	4	2	3	8	7	6
8	2	3	6	7	1	9	4	5
6	4	7	5	9	8	2	1	3

133

6	3	4	7	1	8	9	2	5
1	7	8	2	9	5	4	6	3
9	2	5	6	3	4	1	7	8
5	6	2	1	8	7	3	4	9
8	9	1	4	6	3	7	5	2
7	4	3	9	5	2	6	8	1
2	1	6	8	4	9	5	3	7
4	5	7	3	2	1	8	9	6
3	8	9	5	7	6	2	1	4

134

4	6	2	9	1	3	7	8	5
3	9	7	8	6	5	1	2	4
1	8	5	4	7	2	9	3	6
6	2	8	3	9	4	5	7	1
9	5	3	1	8	7	4	6	2
7	4	1	5	2	6	8	9	3
5	7	4	6	3	9	2	1	8
2	1	6	7	5	8	3	4	9
8	3	9	2	4	1	6	5	7

135

1	7	6	4	8	3	2	9	5
8	5	3	6	9	2	7	1	4
4	9	2	5	7	1	6	3	8
3	1	7	2	6	8	4	5	9
2	6	5	9	3	4	8	7	1
9	4	8	7	1	5	3	2	6
6	3	1	8	2	9	5	4	7
7	2	4	1	5	6	9	8	3
5	8	9	3	4	7	1	6	2

136

9	7	8	3	1	5	6	4	2
5	4	2	7	8	6	9	1	3
6	3	1	9	4	2	5	8	7
8	2	9	4	5	7	3	6	1
3	1	4	6	2	9	7	5	8
7	5	6	1	3	8	4	2	9
2	9	7	5	6	1	8	3	4
4	8	5	2	7	3	1	9	6
1	6	3	8	9	4	2	7	5

137

3	2	7	5	8	1	6	9	4
4	6	5	3	2	9	8	1	7
1	9	8	6	4	7	3	2	5
6	5	1	2	9	3	4	7	8
9	8	2	4	7	5	1	3	6
7	3	4	1	6	8	2	5	9
2	1	9	8	5	6	7	4	3
5	4	6	7	3	2	9	8	1
8	7	3	9	1	4	5	6	2

138

7	3	5	4	9	8	1	6	2
4	8	1	5	6	2	9	7	3
9	6	2	3	1	7	5	4	8
8	7	4	9	2	5	6	3	1
5	9	3	6	7	1	8	2	4
2	1	6	8	4	3	7	9	5
1	5	7	2	3	9	4	8	6
6	2	8	7	5	4	3	1	9
3	4	9	1	8	6	2	5	7

139

8	6	5	9	2	7	3	1	4
3	9	4	5	1	8	2	6	7
7	1	2	6	3	4	5	8	9
2	7	6	4	5	3	1	9	8
1	5	9	8	7	6	4	3	2
4	3	8	1	9	2	6	7	5
5	8	7	2	6	1	9	4	3
6	2	3	7	4	9	8	5	1
9	4	1	3	8	5	7	2	6

140

9	4	7	6	5	3	2	8	1
2	1	5	9	8	4	6	7	3
3	6	8	7	1	2	9	5	4
4	5	9	3	6	8	7	1	2
7	8	3	4	2	1	5	9	6
1	2	6	5	7	9	4	3	8
6	3	2	1	9	5	8	4	7
5	7	1	8	4	6	3	2	9
8	9	4	2	3	7	1	6	5

141

2	5	1	4	6	3	7	9	8
9	4	6	5	8	7	2	3	1
8	3	7	1	9	2	4	5	6
3	7	8	9	5	1	6	4	2
6	1	9	2	3	4	5	8	7
4	2	5	6	7	8	9	1	3
7	8	2	3	4	5	1	6	9
5	6	3	7	1	9	8	2	4
1	9	4	8	2	6	3	7	5

142

8	7	9	3	4	2	6	5	1
5	3	6	1	7	9	8	2	4
4	1	2	8	5	6	9	3	7
9	4	1	6	2	3	5	7	8
2	6	7	5	9	8	1	4	3
3	8	5	7	1	4	2	9	6
6	2	4	9	8	7	3	1	5
7	5	3	2	6	1	4	8	9
1	9	8	4	3	5	7	6	2

143

7	8	2	4	3	5	6	1	9
9	1	6	2	7	8	4	5	3
3	4	5	9	6	1	8	2	7
4	2	7	1	8	9	5	3	6
5	6	9	3	2	4	1	7	8
1	3	8	6	5	7	9	4	2
2	9	3	5	1	6	7	8	4
6	7	1	8	4	2	3	9	5
8	5	4	7	9	3	2	6	1

144

1	9	5	8	7	3	4	2	6
7	2	8	6	1	4	9	3	5
4	6	3	9	2	5	1	8	7
5	8	1	2	4	9	6	7	3
3	7	9	5	8	6	2	1	4
2	4	6	1	3	7	5	9	8
9	3	2	4	6	8	7	5	1
8	1	4	7	5	2	3	6	9
6	5	7	3	9	1	8	4	2

145

3	7	8	1	2	9	6	4	5
5	9	6	3	8	4	1	2	7
4	2	1	6	7	5	9	3	8
1	4	7	2	5	3	8	9	6
6	3	2	8	9	7	5	1	4
8	5	9	4	1	6	2	7	3
7	6	5	9	4	2	3	8	1
2	8	4	5	3	1	7	6	9
9	1	3	7	6	8	4	5	2

146

2	9	1	6	7	5	3	4	8
6	5	4	1	3	8	9	2	7
3	8	7	2	9	4	5	6	1
8	3	9	5	2	6	7	1	4
7	1	6	9	4	3	2	8	5
5	4	2	8	1	7	6	3	9
1	7	3	4	5	2	8	9	6
9	6	5	3	8	1	4	7	2
4	2	8	7	6	9	1	5	3

147

9	6	3	8	7	2	4	1	5
5	7	2	1	4	9	6	3	8
1	8	4	5	6	3	2	9	7
8	4	9	2	5	7	3	6	1
2	1	5	6	3	8	9	7	4
7	3	6	9	1	4	8	5	2
4	9	1	7	8	6	5	2	3
6	5	8	3	2	1	7	4	9
3	2	7	4	9	5	1	8	6

148

3	6	2	7	4	5	1	8	9
9	7	4	2	1	8	5	3	6
1	5	8	3	6	9	4	7	2
7	1	9	6	5	2	8	4	3
2	4	6	1	8	3	7	9	5
5	8	3	4	9	7	6	2	1
6	9	1	8	3	4	2	5	7
8	2	5	9	7	1	3	6	4
4	3	7	5	2	6	9	1	8

149

7	4	8	5	2	1	3	9	6
3	5	6	4	8	9	7	2	1
9	2	1	7	6	3	4	5	8
4	1	5	3	9	7	6	8	2
2	9	7	8	5	6	1	4	3
6	8	3	1	4	2	9	7	5
5	7	4	6	1	8	2	3	9
1	3	9	2	7	5	8	6	4
8	6	2	9	3	4	5	1	7

150

7	6	3	9	2	4	1	5	8
4	2	5	8	7	1	6	3	9
9	1	8	3	6	5	2	7	4
1	3	4	7	8	6	5	9	2
6	8	9	4	5	2	3	1	7
2	5	7	1	3	9	8	4	6
5	9	6	2	4	3	7	8	1
8	4	2	5	1	7	9	6	3
3	7	1	6	9	8	4	2	5

151

3	8	7	5	4	6	2	9	1
1	4	2	9	8	3	5	7	6
6	9	5	2	7	1	3	4	8
5	7	1	8	6	4	9	2	3
9	6	3	1	2	5	4	8	7
4	2	8	3	9	7	1	6	5
7	5	4	6	3	9	8	1	2
8	3	6	4	1	2	7	5	9
2	1	9	7	5	8	6	3	4

152

9	8	4	1	3	6	7	2	5
5	3	1	8	2	7	6	9	4
6	7	2	5	9	4	8	1	3
8	4	5	9	1	2	3	6	7
3	1	7	6	8	5	9	4	2
2	6	9	4	7	3	5	8	1
1	5	8	3	4	9	2	7	6
7	9	3	2	6	1	4	5	8
4	2	6	7	5	8	1	3	9

153

8	6	5	9	2	7	1	4	3
9	3	7	4	5	1	8	2	6
2	4	1	8	6	3	9	7	5
5	8	2	7	4	9	6	3	1
4	9	3	6	1	5	2	8	7
7	1	6	3	8	2	5	9	4
6	7	4	1	9	8	3	5	2
3	2	9	5	7	6	4	1	8
1	5	8	2	3	4	7	6	9

154

6	2	7	9	1	5	8	3	4
9	3	1	8	4	7	6	2	5
5	8	4	2	6	3	7	9	1
7	1	8	3	9	2	4	5	6
3	4	9	6	5	1	2	8	7
2	6	5	7	8	4	3	1	9
8	9	2	1	7	6	5	4	3
4	7	3	5	2	9	1	6	8
1	5	6	4	3	8	9	7	2

155

9	1	4	8	7	6	3	5	2
5	8	3	9	1	2	4	7	6
6	2	7	5	4	3	8	1	9
1	3	9	2	8	5	6	4	7
2	4	5	7	6	1	9	8	3
7	6	8	4	3	9	5	2	1
4	7	2	3	9	8	1	6	5
8	9	6	1	5	7	2	3	4
3	5	1	6	2	4	7	9	8

156

9	6	8	1	5	7	2	3	4
1	3	5	4	2	8	6	7	9
4	7	2	3	6	9	1	8	5
7	1	9	6	4	3	8	5	2
3	5	4	2	8	1	7	9	6
2	8	6	7	9	5	3	4	1
5	9	7	8	1	6	4	2	3
6	2	3	5	7	4	9	1	8
8	4	1	9	3	2	5	6	7

157

7	1	3	5	6	8	2	9	4
5	2	4	3	7	9	8	6	1
8	9	6	2	4	1	5	3	7
2	4	7	8	9	3	6	1	5
9	3	5	6	1	4	7	2	8
6	8	1	7	2	5	9	4	3
4	6	2	1	5	7	3	8	9
1	5	8	9	3	6	4	7	2
3	7	9	4	8	2	1	5	6

158

8	4	5	2	9	7	6	3	1
3	2	6	4	8	1	7	5	9
9	7	1	3	5	6	4	8	2
1	9	7	6	3	4	8	2	5
4	6	8	5	2	9	1	7	3
5	3	2	1	7	8	9	4	6
6	5	4	8	1	3	2	9	7
7	8	3	9	6	2	5	1	4
2	1	9	7	4	5	3	6	8

159

2	4	9	6	8	1	5	3	7
7	1	6	5	9	3	8	2	4
8	5	3	4	7	2	9	6	1
3	6	2	7	1	5	4	8	9
1	9	8	2	3	4	6	7	5
5	7	4	8	6	9	3	1	2
6	8	1	9	4	7	2	5	3
9	3	5	1	2	6	7	4	8
4	2	7	3	5	8	1	9	6

160

9	6	1	7	8	5	3	4	2
5	8	4	3	9	2	7	1	6
3	2	7	4	1	6	9	5	8
1	4	8	6	5	7	2	3	9
6	9	5	2	3	1	8	7	4
2	7	3	8	4	9	1	6	5
8	5	2	1	7	4	6	9	3
4	1	6	9	2	3	5	8	7
7	3	9	5	6	8	4	2	1

161

4	5	7	6	2	8	3	1	9
2	6	9	3	1	4	7	5	8
1	3	8	7	9	5	6	4	2
7	4	1	8	3	2	9	6	5
9	8	6	4	5	1	2	7	3
3	2	5	9	7	6	4	8	1
6	1	3	5	4	9	8	2	7
5	9	4	2	8	7	1	3	6
8	7	2	1	6	3	5	9	4

162

3	8	7	4	5	6	9	2	1
4	1	9	8	2	3	6	5	7
6	2	5	1	7	9	4	8	3
5	6	8	2	1	7	3	9	4
9	7	4	5	3	8	1	6	2
2	3	1	9	6	4	5	7	8
1	9	2	3	8	5	7	4	6
8	5	6	7	4	1	2	3	9
7	4	3	6	9	2	8	1	5

163

1	2	5	9	8	3	4	6	7
3	6	8	4	7	2	9	5	1
9	7	4	1	5	6	2	3	8
2	5	6	3	4	8	7	1	9
8	3	7	5	9	1	6	4	2
4	1	9	2	6	7	5	8	3
7	8	1	6	2	4	3	9	5
6	9	3	7	1	5	8	2	4
5	4	2	8	3	9	1	7	6

164

3	1	8	4	5	9	7	6	2
7	2	5	1	8	6	3	9	4
6	4	9	7	2	3	1	8	5
4	7	1	5	9	2	8	3	6
9	3	6	8	4	1	5	2	7
8	5	2	3	6	7	4	1	9
5	9	3	6	7	8	2	4	1
2	8	7	9	1	4	6	5	3
1	6	4	2	3	5	9	7	8

165

4	2	7	6	9	5	1	8	3
3	9	8	1	4	7	5	2	6
1	5	6	8	3	2	9	4	7
7	3	5	9	2	8	4	6	1
2	6	4	5	1	3	7	9	8
9	8	1	4	7	6	3	5	2
8	7	3	2	5	4	6	1	9
5	1	2	7	6	9	8	3	4
6	4	9	3	8	1	2	7	5

166

6	4	5	2	8	9	3	7	1
1	7	2	6	3	5	8	9	4
8	9	3	1	4	7	6	2	5
7	2	6	9	1	3	5	4	8
3	5	8	4	7	2	1	6	9
9	1	4	8	5	6	2	3	7
5	6	7	3	9	1	4	8	2
2	8	1	7	6	4	9	5	3
4	3	9	5	2	8	7	1	6

167

9	8	2	1	3	4	7	6	5
1	4	6	7	2	5	3	9	8
7	5	3	6	8	9	4	1	2
5	6	4	2	9	1	8	7	3
3	1	8	5	6	7	2	4	9
2	7	9	3	4	8	6	5	1
8	9	1	4	7	3	5	2	6
6	3	7	9	5	2	1	8	4
4	2	5	8	1	6	9	3	7

168

9	4	6	3	8	7	5	2	1
1	7	5	2	6	9	8	3	4
2	3	8	1	4	5	9	6	7
7	8	4	9	2	6	3	1	5
5	1	9	7	3	4	2	8	6
3	6	2	5	1	8	4	7	9
8	9	7	6	5	3	1	4	2
6	2	3	4	9	1	7	5	8
4	5	1	8	7	2	6	9	3

169

9	7	6	8	5	1	3	2	4
4	8	5	6	2	3	1	7	9
3	1	2	9	7	4	6	8	5
6	4	9	7	1	2	5	3	8
8	3	1	4	6	5	7	9	2
2	5	7	3	9	8	4	1	6
5	9	3	1	8	6	2	4	7
7	6	4	2	3	9	8	5	1
1	2	8	5	4	7	9	6	3

170

3	1	4	2	7	8	9	5	6
9	8	6	4	5	3	2	7	1
2	5	7	6	9	1	4	8	3
1	7	9	5	6	2	3	4	8
5	6	3	8	1	4	7	2	9
8	4	2	7	3	9	6	1	5
4	9	1	3	2	5	8	6	7
6	2	5	9	8	7	1	3	4
7	3	8	1	4	6	5	9	2

171

7	3	1	4	9	8	5	2	6
5	8	4	7	2	6	3	1	9
6	2	9	1	5	3	4	7	8
8	4	7	9	3	1	2	6	5
9	5	2	6	8	7	1	4	3
3	1	6	2	4	5	8	9	7
2	6	5	8	7	4	9	3	1
4	7	3	5	1	9	6	8	2
1	9	8	3	6	2	7	5	4

172

4	1	3	6	5	9	8	7	2
2	7	5	8	4	1	9	6	3
6	8	9	2	3	7	4	5	1
1	5	8	7	9	2	6	3	4
7	3	6	1	8	4	5	2	9
9	4	2	3	6	5	1	8	7
5	2	7	4	1	6	3	9	8
8	9	4	5	2	3	7	1	6
3	6	1	9	7	8	2	4	5

173

3	6	7	8	9	5	1	2	4
8	9	2	7	1	4	6	3	5
4	5	1	2	3	6	7	9	8
7	1	6	4	8	2	9	5	3
9	4	5	1	6	3	8	7	2
2	3	8	9	5	7	4	1	6
5	2	4	6	7	1	3	8	9
6	7	9	3	2	8	5	4	1
1	8	3	5	4	9	2	6	7

174

1	9	4	2	3	6	8	5	7
7	2	8	9	5	1	3	6	4
5	3	6	8	4	7	1	9	2
3	4	7	5	8	2	9	1	6
2	6	9	4	1	3	7	8	5
8	5	1	6	7	9	2	4	3
4	1	2	3	6	8	5	7	9
6	7	3	1	9	5	4	2	8
9	8	5	7	2	4	6	3	1

175

7	6	2	9	4	5	1	8	3
4	3	8	7	2	1	6	5	9
9	1	5	3	6	8	7	2	4
5	2	4	1	3	7	8	9	6
8	7	6	5	9	4	2	3	1
1	9	3	2	8	6	5	4	7
2	5	9	6	7	3	4	1	8
3	4	7	8	1	2	9	6	5
6	8	1	4	5	9	3	7	2

176

1	8	7	4	3	6	9	2	5
4	3	2	9	8	5	7	6	1
9	6	5	2	7	1	4	8	3
8	5	6	3	2	4	1	7	9
7	2	4	6	1	9	5	3	8
3	1	9	8	5	7	6	4	2
2	9	1	7	6	3	8	5	4
6	4	8	5	9	2	3	1	7
5	7	3	1	4	8	2	9	6

177

1	5	4	9	3	6	8	7	2
6	9	3	2	8	7	5	4	1
8	7	2	5	1	4	6	3	9
9	8	6	4	2	1	3	5	7
3	2	7	8	9	5	1	6	4
5	4	1	7	6	3	9	2	8
2	1	5	6	4	9	7	8	3
4	6	9	3	7	8	2	1	5
7	3	8	1	5	2	4	9	6

178

1	3	2	5	6	4	7	8	9
7	5	9	8	1	3	2	4	6
4	8	6	7	2	9	5	3	1
6	4	7	9	8	2	1	5	3
8	2	3	1	7	5	9	6	4
5	9	1	4	3	6	8	2	7
9	6	8	3	5	7	4	1	2
3	7	5	2	4	1	6	9	8
2	1	4	6	9	8	3	7	5

179

1	7	5	2	8	6	4	9	3
4	6	9	1	7	3	5	2	8
2	3	8	5	4	9	6	7	1
3	5	6	8	2	4	7	1	9
8	9	4	7	6	1	2	3	5
7	2	1	9	3	5	8	4	6
9	8	3	4	5	2	1	6	7
5	1	2	6	9	7	3	8	4
6	4	7	3	1	8	9	5	2

180

2	6	5	7	9	1	8	4	3
8	9	7	4	6	3	5	2	1
1	3	4	8	2	5	7	9	6
9	1	6	3	5	8	2	7	4
4	8	2	9	7	6	3	1	5
7	5	3	2	1	4	6	8	9
6	4	8	1	3	7	9	5	2
5	7	9	6	4	2	1	3	8
3	2	1	5	8	9	4	6	7

181

9	1	7	6	3	8	4	5	2
8	3	2	1	5	4	6	9	7
4	5	6	2	9	7	1	8	3
3	6	9	4	2	1	5	7	8
2	4	8	5	7	6	3	1	9
1	7	5	9	8	3	2	6	4
5	2	4	8	1	9	7	3	6
6	9	3	7	4	5	8	2	1
7	8	1	3	6	2	9	4	5

182

8	3	4	1	5	9	2	6	7
1	6	2	4	7	8	9	3	5
5	9	7	6	2	3	8	4	1
7	2	1	3	9	4	6	5	8
9	5	6	2	8	7	4	1	3
3	4	8	5	6	1	7	2	9
6	1	9	7	3	2	5	8	4
2	8	3	9	4	5	1	7	6
4	7	5	8	1	6	3	9	2

183

6	8	2	5	1	4	7	3	9
3	9	5	7	6	8	4	1	2
7	1	4	9	3	2	8	6	5
2	5	6	3	7	9	1	8	4
4	7	8	1	2	6	9	5	3
9	3	1	4	8	5	2	7	6
1	6	3	2	4	7	5	9	8
5	2	7	8	9	3	6	4	1
8	4	9	6	5	1	3	2	7

184

9	4	5	2	3	8	1	7	6
3	1	7	4	9	6	8	5	2
2	6	8	7	1	5	4	3	9
8	3	1	9	7	2	5	6	4
4	7	6	3	5	1	9	2	8
5	2	9	8	6	4	3	1	7
7	5	4	1	2	9	6	8	3
6	8	2	5	4	3	7	9	1
1	9	3	6	8	7	2	4	5

185

8	6	5	1	3	9	7	4	2
3	1	7	2	8	4	9	6	5
9	2	4	7	5	6	8	3	1
5	9	8	4	7	3	2	1	6
2	4	6	5	9	1	3	7	8
7	3	1	8	6	2	5	9	4
4	5	9	6	2	7	1	8	3
1	8	3	9	4	5	6	2	7
6	7	2	3	1	8	4	5	9

186

3	6	8	9	5	7	1	2	4
4	9	5	8	1	2	3	7	6
7	2	1	4	3	6	9	5	8
2	4	9	7	8	3	6	1	5
5	8	3	1	6	4	2	9	7
1	7	6	2	9	5	8	4	3
6	5	7	3	2	1	4	8	9
9	1	4	6	7	8	5	3	2
8	3	2	5	4	9	7	6	1

187

3	8	2	6	5	1	4	7	9
7	9	5	3	8	4	1	2	6
4	1	6	9	2	7	8	3	5
6	2	9	1	7	5	3	4	8
1	7	4	8	6	3	9	5	2
8	5	3	4	9	2	7	6	1
9	3	8	2	4	6	5	1	7
5	6	1	7	3	8	2	9	4
2	4	7	5	1	9	6	8	3

188

1	3	6	7	8	4	2	9	5
7	8	9	3	2	5	6	4	1
4	2	5	6	1	9	3	8	7
8	1	3	4	9	7	5	2	6
5	9	4	2	6	3	7	1	8
6	7	2	8	5	1	4	3	9
3	6	7	9	4	8	1	5	2
9	4	1	5	7	2	8	6	3
2	5	8	1	3	6	9	7	4

189

7	5	8	9	3	6	2	1	4
4	3	9	1	7	2	8	5	6
6	1	2	8	5	4	7	3	9
1	7	6	2	8	5	9	4	3
8	2	4	3	6	9	5	7	1
3	9	5	7	4	1	6	8	2
5	4	7	6	2	3	1	9	8
9	6	3	5	1	8	4	2	7
2	8	1	4	9	7	3	6	5

190

4	6	9	1	8	7	3	5	2
1	2	7	6	3	5	8	9	4
8	3	5	9	4	2	7	1	6
2	8	3	4	6	1	9	7	5
5	4	1	7	9	8	2	6	3
9	7	6	2	5	3	4	8	1
6	1	2	3	7	9	5	4	8
7	5	4	8	2	6	1	3	9
3	9	8	5	1	4	6	2	7

191

4	8	5	3	1	9	7	2	6
6	1	3	8	2	7	5	4	9
7	9	2	6	5	4	8	3	1
2	5	8	9	4	3	1	6	7
1	3	6	5	7	2	9	8	4
9	7	4	1	6	8	3	5	2
8	6	7	2	9	5	4	1	3
3	4	1	7	8	6	2	9	5
5	2	9	4	3	1	6	7	8

192

7	5	4	3	2	8	9	6	1
1	2	3	7	9	6	8	4	5
8	9	6	4	1	5	2	3	7
4	6	1	8	7	9	5	2	3
2	7	8	6	5	3	4	1	9
5	3	9	1	4	2	7	8	6
3	1	5	9	8	4	6	7	2
6	8	2	5	3	7	1	9	4
9	4	7	2	6	1	3	5	8

193

8	9	5	7	4	1	3	6	2
3	7	2	5	8	6	9	1	4
1	6	4	3	9	2	5	7	8
4	2	7	6	3	9	8	5	1
6	5	3	8	1	7	4	2	9
9	8	1	2	5	4	7	3	6
7	3	6	9	2	8	1	4	5
5	1	8	4	6	3	2	9	7
2	4	9	1	7	5	6	8	3

194

5	4	8	3	1	2	9	7	6
1	3	2	9	6	7	5	4	8
6	7	9	8	5	4	2	1	3
4	2	3	5	9	8	7	6	1
7	6	5	4	3	1	8	9	2
9	8	1	2	7	6	3	5	4
3	1	4	7	8	5	6	2	9
2	9	7	6	4	3	1	8	5
8	5	6	1	2	9	4	3	7

195

6	7	1	5	3	8	4	9	2
5	4	3	2	9	7	6	1	8
9	2	8	6	1	4	7	5	3
2	3	5	1	7	6	9	8	4
1	8	7	4	2	9	5	3	6
4	6	9	8	5	3	1	2	7
8	9	2	7	4	5	3	6	1
3	1	4	9	6	2	8	7	5
7	5	6	3	8	1	2	4	9

196

6	9	4	5	8	2	1	3	7
7	1	2	9	6	3	5	8	4
8	5	3	4	1	7	9	2	6
3	6	7	2	4	9	8	1	5
1	4	8	6	3	5	7	9	2
5	2	9	8	7	1	6	4	3
2	3	6	7	9	8	4	5	1
4	8	5	1	2	6	3	7	9
9	7	1	3	5	4	2	6	8

197

2	5	7	6	3	1	8	9	4
1	6	4	7	9	8	5	2	3
8	3	9	5	2	4	6	1	7
5	7	1	3	4	9	2	8	6
3	8	6	2	1	7	4	5	9
9	4	2	8	6	5	3	7	1
6	1	5	9	8	3	7	4	2
7	9	3	4	5	2	1	6	8
4	2	8	1	7	6	9	3	5

198

8	1	3	5	7	2	9	6	4
4	7	2	6	3	9	5	8	1
9	6	5	8	1	4	2	3	7
3	4	6	7	9	1	8	2	5
1	9	7	2	5	8	3	4	6
2	5	8	4	6	3	1	7	9
6	2	9	3	4	5	7	1	8
7	3	1	9	8	6	4	5	2
5	8	4	1	2	7	6	9	3

199

1	4	9	3	6	7	2	5	8
2	7	5	1	8	4	6	3	9
3	8	6	5	2	9	4	1	7
6	5	8	9	1	2	7	4	3
9	2	4	7	3	5	8	6	1
7	1	3	6	4	8	9	2	5
8	9	2	4	5	1	3	7	6
5	3	7	2	9	6	1	8	4
4	6	1	8	7	3	5	9	2

200

5	6	8	2	9	4	3	7	1
4	9	3	1	6	7	2	8	5
7	2	1	5	8	3	6	9	4
1	4	6	8	3	5	7	2	9
9	5	7	6	4	2	8	1	3
8	3	2	7	1	9	5	4	6
3	7	9	4	2	6	1	5	8
2	1	4	3	5	8	9	6	7
6	8	5	9	7	1	4	3	2

201

2	1	9	3	6	8	5	4	7
6	7	5	9	2	4	8	1	3
3	4	8	5	7	1	9	2	6
5	3	6	8	4	2	1	7	9
7	2	1	6	9	3	4	8	5
8	9	4	1	5	7	3	6	2
1	8	7	2	3	9	6	5	4
4	6	3	7	1	5	2	9	8
9	5	2	4	8	6	7	3	1

202

3	5	9	1	6	4	8	2	7
2	1	6	8	5	7	4	3	9
4	7	8	9	2	3	5	1	6
9	2	3	5	8	1	6	7	4
1	6	5	4	7	2	9	8	3
8	4	7	3	9	6	1	5	2
6	3	4	7	1	5	2	9	8
7	9	1	2	4	8	3	6	5
5	8	2	6	3	9	7	4	1

203

7	9	5	2	6	8	3	4	1
6	2	1	4	3	7	9	8	5
3	4	8	1	9	5	6	7	2
4	5	2	6	1	3	8	9	7
8	1	3	7	5	9	2	6	4
9	6	7	8	4	2	5	1	3
1	3	6	9	2	4	7	5	8
2	8	9	5	7	1	4	3	6
5	7	4	3	8	6	1	2	9

204

7	3	5	8	2	9	6	4	1
1	9	8	6	7	4	2	3	5
2	4	6	1	5	3	7	8	9
4	5	3	7	1	6	8	9	2
8	7	9	5	4	2	1	6	3
6	2	1	9	3	8	4	5	7
3	1	4	2	8	5	9	7	6
9	8	7	3	6	1	5	2	4
5	6	2	4	9	7	3	1	8

205

1	7	6	2	5	8	9	3	4
8	2	3	4	7	9	1	5	6
5	9	4	6	3	1	2	8	7
3	6	5	1	8	4	7	2	9
7	8	1	5	9	2	4	6	3
2	4	9	7	6	3	8	1	5
4	3	8	9	1	5	6	7	2
6	5	2	8	4	7	3	9	1
9	1	7	3	2	6	5	4	8

206

6	2	9	1	8	5	7	4	3
7	3	5	4	2	6	9	8	1
4	8	1	3	9	7	6	5	2
3	7	8	6	4	2	5	1	9
1	6	4	8	5	9	3	2	7
9	5	2	7	1	3	4	6	8
8	1	3	9	6	4	2	7	5
5	4	7	2	3	1	8	9	6
2	9	6	5	7	8	1	3	4

207

5	8	7	4	6	1	2	9	3
2	1	4	9	7	3	8	5	6
9	3	6	2	8	5	7	1	4
8	6	3	1	4	9	5	2	7
4	9	5	8	2	7	6	3	1
1	7	2	3	5	6	9	4	8
6	2	8	5	1	4	3	7	9
7	4	9	6	3	2	1	8	5
3	5	1	7	9	8	4	6	2

208

5	7	3	2	1	6	4	8	9
2	1	9	4	8	3	7	6	5
6	8	4	9	7	5	1	3	2
4	5	7	6	2	1	3	9	8
3	9	2	8	5	7	6	1	4
1	6	8	3	9	4	2	5	7
8	4	6	7	3	9	5	2	1
7	2	1	5	6	8	9	4	3
9	3	5	1	4	2	8	7	6

209

2	7	1	9	5	8	6	3	4
8	6	3	1	4	2	7	5	9
5	4	9	3	6	7	8	1	2
4	5	7	2	1	6	3	9	8
3	1	6	5	8	9	4	2	7
9	2	8	7	3	4	5	6	1
7	9	4	6	2	3	1	8	5
6	8	5	4	9	1	2	7	3
1	3	2	8	7	5	9	4	6

210

7	9	6	3	5	2	1	8	4
8	3	2	1	9	4	6	5	7
4	1	5	7	8	6	3	9	2
1	8	3	9	4	7	5	2	6
5	7	9	6	2	3	4	1	8
2	6	4	5	1	8	9	7	3
9	4	7	8	6	1	2	3	5
6	5	8	2	3	9	7	4	1
3	2	1	4	7	5	8	6	9

211

5	2	1	7	3	9	8	4	6
9	6	8	4	5	2	3	7	1
4	7	3	1	6	8	5	9	2
7	8	5	6	1	4	2	3	9
2	1	4	9	8	3	7	6	5
3	9	6	5	2	7	4	1	8
1	4	9	8	7	5	6	2	3
6	5	2	3	4	1	9	8	7
8	3	7	2	9	6	1	5	4

212

9	2	8	4	3	7	6	5	1
7	1	3	8	6	5	2	4	9
4	5	6	9	2	1	7	8	3
2	6	1	7	4	3	8	9	5
3	7	9	2	5	8	1	6	4
8	4	5	6	1	9	3	7	2
5	8	7	1	9	2	4	3	6
1	9	4	3	7	6	5	2	8
6	3	2	5	8	4	9	1	7

213

1	2	3	5	4	6	7	9	8
7	6	9	1	2	8	4	5	3
5	8	4	7	9	3	1	2	6
4	3	6	9	7	2	5	8	1
2	9	1	6	8	5	3	7	4
8	5	7	4	3	1	2	6	9
3	1	5	2	6	9	8	4	7
6	4	2	8	1	7	9	3	5
9	7	8	3	5	4	6	1	2

214

7	2	8	1	4	5	3	9	6
9	6	5	7	8	3	4	2	1
3	4	1	9	6	2	7	5	8
6	1	9	3	2	4	8	7	5
8	5	2	6	9	7	1	4	3
4	7	3	5	1	8	9	6	2
1	9	4	8	5	6	2	3	7
2	3	6	4	7	1	5	8	9
5	8	7	2	3	9	6	1	4

215

6	1	5	3	8	7	2	9	4
4	9	3	2	1	6	5	7	8
7	2	8	4	5	9	3	6	1
5	3	6	8	9	2	1	4	7
8	4	2	1	7	5	6	3	9
9	7	1	6	4	3	8	2	5
3	5	7	9	2	1	4	8	6
1	6	4	7	3	8	9	5	2
2	8	9	5	6	4	7	1	3

216

6	5	1	2	9	7	8	3	4
2	9	7	8	3	4	5	1	6
3	4	8	6	5	1	9	2	7
9	6	4	1	7	3	2	5	8
7	1	3	5	2	8	4	6	9
5	8	2	4	6	9	1	7	3
4	7	6	9	1	5	3	8	2
8	2	5	3	4	6	7	9	1
1	3	9	7	8	2	6	4	5

217

3	6	9	8	1	2	5	7	4
8	5	2	9	7	4	6	1	3
7	1	4	6	3	5	8	9	2
2	8	3	7	5	9	4	6	1
4	7	1	2	6	8	3	5	9
5	9	6	3	4	1	7	2	8
6	2	7	4	9	3	1	8	5
1	4	8	5	2	6	9	3	7
9	3	5	1	8	7	2	4	6

218

5	1	8	7	2	4	3	9	6
3	6	2	9	1	8	4	5	7
9	4	7	3	5	6	2	1	8
6	9	1	8	4	2	7	3	5
2	8	3	1	7	5	6	4	9
7	5	4	6	3	9	8	2	1
8	3	9	2	6	1	5	7	4
4	2	6	5	9	7	1	8	3
1	7	5	4	8	3	9	6	2

219

9	8	4	1	6	7	2	3	5
3	2	6	9	4	5	1	7	8
5	7	1	8	2	3	4	9	6
7	6	8	5	9	2	3	1	4
4	9	3	7	1	8	6	5	2
1	5	2	4	3	6	7	8	9
8	3	7	2	5	4	9	6	1
6	4	9	3	8	1	5	2	7
2	1	5	6	7	9	8	4	3

220

8	5	9	6	1	2	4	3	7
7	2	3	8	5	4	1	6	9
1	6	4	3	7	9	5	2	8
9	8	6	1	4	7	3	5	2
3	7	5	2	6	8	9	1	4
2	4	1	5	9	3	7	8	6
4	3	2	9	8	1	6	7	5
6	1	7	4	2	5	8	9	3
5	9	8	7	3	6	2	4	1

221

1	5	6	9	8	2	7	4	3
2	9	4	5	7	3	8	6	1
7	8	3	1	4	6	5	9	2
8	3	5	7	1	9	4	2	6
9	7	2	3	6	4	1	8	5
4	6	1	8	2	5	9	3	7
5	4	9	2	3	1	6	7	8
3	1	8	6	9	7	2	5	4
6	2	7	4	5	8	3	1	9

222

4	7	3	6	8	2	5	9	1
8	6	5	1	9	7	3	2	4
2	1	9	4	5	3	6	7	8
9	3	4	5	1	8	2	6	7
6	2	8	9	7	4	1	3	5
7	5	1	3	2	6	8	4	9
5	4	2	8	3	9	7	1	6
1	9	7	2	6	5	4	8	3
3	8	6	7	4	1	9	5	2

223

4	3	6	7	2	9	5	1	8
2	8	5	3	1	4	9	7	6
7	9	1	6	8	5	3	4	2
8	1	7	5	3	2	4	6	9
3	4	2	8	9	6	1	5	7
5	6	9	4	7	1	8	2	3
9	5	4	2	6	3	7	8	1
1	2	8	9	4	7	6	3	5
6	7	3	1	5	8	2	9	4

224

5	4	1	3	6	7	2	9	8
9	7	2	8	5	4	3	1	6
8	6	3	9	1	2	7	4	5
1	9	5	6	7	3	4	8	2
6	3	8	4	2	1	9	5	7
4	2	7	5	9	8	1	6	3
2	5	6	1	3	9	8	7	4
3	8	9	7	4	5	6	2	1
7	1	4	2	8	6	5	3	9

225

3	4	2	5	6	1	9	7	8
6	5	8	2	9	7	3	1	4
9	1	7	4	3	8	6	2	5
7	9	5	6	4	3	2	8	1
1	6	3	7	8	2	4	5	9
8	2	4	1	5	9	7	3	6
5	3	1	9	7	6	8	4	2
2	8	6	3	1	4	5	9	7
4	7	9	8	2	5	1	6	3

226

8	2	3	7	1	4	6	9	5
6	9	5	3	8	2	1	7	4
1	4	7	9	6	5	8	2	3
9	5	1	6	3	8	7	4	2
7	6	8	2	4	9	5	3	1
4	3	2	5	7	1	9	8	6
5	1	9	4	2	7	3	6	8
3	7	4	8	5	6	2	1	9
2	8	6	1	9	3	4	5	7

227

9	2	8	7	1	3	4	6	5
1	7	5	6	2	4	3	8	9
3	6	4	5	8	9	1	7	2
6	5	1	4	9	7	2	3	8
8	4	3	2	5	6	7	9	1
7	9	2	8	3	1	6	5	4
2	3	6	9	4	8	5	1	7
5	1	9	3	7	2	8	4	6
4	8	7	1	6	5	9	2	3

228

2	4	7	8	1	6	5	3	9
9	8	5	3	2	7	6	1	4
3	1	6	4	9	5	2	8	7
8	6	3	1	4	2	9	7	5
1	7	2	5	3	9	8	4	6
5	9	4	7	6	8	3	2	1
7	5	9	2	8	1	4	6	3
4	2	1	6	5	3	7	9	8
6	3	8	9	7	4	1	5	2

229

3	1	8	7	9	5	2	4	6
5	9	4	2	1	6	8	3	7
7	2	6	8	4	3	5	9	1
8	3	1	5	6	4	7	2	9
2	6	9	1	3	7	4	5	8
4	5	7	9	8	2	6	1	3
9	8	2	6	5	1	3	7	4
6	4	5	3	7	9	1	8	2
1	7	3	4	2	8	9	6	5

230

7	6	9	5	8	2	4	1	3
2	4	1	3	6	9	5	7	8
5	8	3	4	1	7	6	9	2
8	9	5	1	4	6	2	3	7
4	7	2	9	3	5	1	8	6
3	1	6	2	7	8	9	5	4
6	5	7	8	9	4	3	2	1
1	2	4	7	5	3	8	6	9
9	3	8	6	2	1	7	4	5

231

9	7	3	5	4	6	2	8	1
1	4	6	2	8	3	7	5	9
2	5	8	1	9	7	3	6	4
4	1	7	6	2	8	5	9	3
8	3	9	4	1	5	6	2	7
5	6	2	7	3	9	1	4	8
3	2	4	8	5	1	9	7	6
7	8	1	9	6	2	4	3	5
6	9	5	3	7	4	8	1	2

232

4	2	5	3	1	7	8	6	9
8	7	9	6	5	2	1	3	4
1	3	6	8	4	9	5	2	7
3	8	7	5	6	1	9	4	2
2	5	1	9	7	4	6	8	3
6	9	4	2	3	8	7	5	1
7	1	3	4	8	5	2	9	6
5	6	2	1	9	3	4	7	8
9	4	8	7	2	6	3	1	5

233

9	1	4	7	3	8	2	5	6
6	5	8	2	4	1	9	7	3
3	2	7	9	5	6	4	8	1
5	7	3	6	1	4	8	9	2
8	4	9	3	7	2	1	6	5
2	6	1	5	8	9	3	4	7
1	3	6	8	9	5	7	2	4
7	9	2	4	6	3	5	1	8
4	8	5	1	2	7	6	3	9

234

4	5	1	9	2	8	6	3	7
7	3	2	6	4	1	8	5	9
8	6	9	3	7	5	1	4	2
5	4	8	1	6	9	2	7	3
6	1	3	2	5	7	4	9	8
2	9	7	8	3	4	5	6	1
3	7	6	4	1	2	9	8	5
1	8	4	5	9	3	7	2	6
9	2	5	7	8	6	3	1	4

235

3	2	4	1	8	6	7	9	5
7	1	8	4	5	9	3	6	2
9	5	6	3	2	7	4	1	8
6	8	1	2	7	4	5	3	9
2	4	9	5	1	3	6	8	7
5	3	7	9	6	8	1	2	4
1	7	2	6	9	5	8	4	3
4	6	5	8	3	2	9	7	1
8	9	3	7	4	1	2	5	6

236

8	7	4	3	2	5	9	6	1
9	6	3	1	8	7	2	5	4
5	1	2	6	9	4	8	3	7
1	3	5	8	7	9	4	2	6
2	9	6	4	5	3	1	7	8
7	4	8	2	1	6	5	9	3
4	8	7	5	6	2	3	1	9
3	5	9	7	4	1	6	8	2
6	2	1	9	3	8	7	4	5

237

2	1	8	6	7	5	4	9	3
6	3	4	8	9	2	1	7	5
9	7	5	4	1	3	2	8	6
8	2	3	9	5	6	7	4	1
7	5	1	3	8	4	6	2	9
4	6	9	7	2	1	3	5	8
1	8	6	2	4	9	5	3	7
3	9	2	5	6	7	8	1	4
5	4	7	1	3	8	9	6	2

238

3	1	6	7	5	9	8	2	4
4	7	8	6	3	2	5	9	1
5	2	9	1	4	8	6	7	3
7	9	3	8	2	1	4	6	5
8	5	2	4	6	7	1	3	9
6	4	1	5	9	3	2	8	7
1	8	5	3	7	6	9	4	2
2	6	7	9	1	4	3	5	8
9	3	4	2	8	5	7	1	6

239

6	2	8	5	9	3	1	4	7
5	7	9	8	1	4	2	6	3
4	3	1	2	6	7	8	9	5
1	9	3	6	8	2	7	5	4
7	6	5	3	4	1	9	8	2
8	4	2	7	5	9	3	1	6
9	5	7	1	2	6	4	3	8
2	8	4	9	3	5	6	7	1
3	1	6	4	7	8	5	2	9

240

1	6	9	8	4	5	3	7	2
8	2	4	3	7	1	9	6	5
3	7	5	6	9	2	8	4	1
9	4	8	5	1	6	2	3	7
7	1	6	4	2	3	5	8	9
2	5	3	9	8	7	6	1	4
5	8	2	7	3	4	1	9	6
4	3	1	2	6	9	7	5	8
6	9	7	1	5	8	4	2	3

241

3	9	5	7	2	1	4	8	6
2	8	4	5	6	9	1	7	3
1	6	7	8	3	4	5	2	9
5	2	9	3	1	7	8	6	4
8	1	3	2	4	6	7	9	5
4	7	6	9	5	8	3	1	2
6	3	1	4	8	2	9	5	7
9	5	8	6	7	3	2	4	1
7	4	2	1	9	5	6	3	8

242

2	4	3	8	7	9	5	6	1
9	5	8	6	1	4	2	7	3
7	6	1	3	5	2	4	9	8
1	7	4	9	2	6	3	8	5
5	3	6	1	4	8	7	2	9
8	9	2	5	3	7	6	1	4
3	1	7	2	8	5	9	4	6
4	8	9	7	6	3	1	5	2
6	2	5	4	9	1	8	3	7

243

2	9	8	6	7	5	1	4	3
1	4	7	3	2	9	6	8	5
6	5	3	1	8	4	9	7	2
4	3	9	7	1	8	5	2	6
7	2	6	4	5	3	8	1	9
5	8	1	9	6	2	7	3	4
9	6	4	8	3	1	2	5	7
8	7	2	5	4	6	3	9	1
3	1	5	2	9	7	4	6	8

244

5	3	9	6	4	1	7	2	8
7	6	8	2	9	5	1	4	3
1	4	2	3	7	8	9	6	5
3	8	4	5	2	7	6	1	9
2	1	6	8	3	9	5	7	4
9	5	7	4	1	6	3	8	2
8	7	3	1	5	4	2	9	6
6	9	5	7	8	2	4	3	1
4	2	1	9	6	3	8	5	7

245

1	7	5	6	4	2	3	9	8
8	2	3	9	1	5	4	6	7
9	4	6	8	7	3	1	5	2
5	9	2	7	3	4	6	8	1
3	1	4	2	8	6	9	7	5
7	6	8	1	5	9	2	3	4
6	5	1	4	9	7	8	2	3
2	8	7	3	6	1	5	4	9
4	3	9	5	2	8	7	1	6

246

8	1	6	3	7	5	9	2	4
5	7	2	4	8	9	6	1	3
3	4	9	1	6	2	8	7	5
6	3	8	7	5	4	2	9	1
4	2	7	8	9	1	5	3	6
9	5	1	2	3	6	7	4	8
2	9	5	6	1	3	4	8	7
1	8	4	5	2	7	3	6	9
7	6	3	9	4	8	1	5	2

247

5	4	6	9	3	8	7	2	1
3	1	7	2	6	5	9	8	4
9	8	2	4	1	7	6	5	3
1	6	3	8	7	9	5	4	2
4	2	9	1	5	3	8	6	7
8	7	5	6	4	2	1	3	9
6	9	4	3	8	1	2	7	5
7	3	1	5	2	6	4	9	8
2	5	8	7	9	4	3	1	6

248

9	3	2	8	1	6	4	5	7
8	7	6	3	4	5	2	9	1
5	4	1	9	7	2	6	3	8
7	5	8	4	2	9	1	6	3
2	6	3	7	8	1	9	4	5
4	1	9	5	6	3	8	7	2
3	8	5	2	9	4	7	1	6
1	2	4	6	3	7	5	8	9
6	9	7	1	5	8	3	2	4

249

4	1	6	7	3	9	2	5	8
7	5	3	8	2	4	6	9	1
8	9	2	5	1	6	4	3	7
2	3	7	6	8	1	5	4	9
6	4	1	2	9	5	7	8	3
9	8	5	4	7	3	1	2	6
3	6	8	1	4	2	9	7	5
1	7	4	9	5	8	3	6	2
5	2	9	3	6	7	8	1	4

250

7	5	9	6	8	1	4	2	3
1	8	2	3	5	4	7	6	9
3	4	6	9	2	7	5	8	1
5	3	4	1	7	6	2	9	8
9	1	8	2	3	5	6	7	4
2	6	7	4	9	8	3	1	5
4	2	3	8	6	9	1	5	7
8	7	1	5	4	2	9	3	6
6	9	5	7	1	3	8	4	2

251

3	6	1	7	5	9	8	4	2
2	9	7	1	8	4	6	5	3
4	5	8	2	3	6	1	9	7
5	7	4	9	1	3	2	6	8
6	3	9	4	2	8	7	1	5
1	8	2	5	6	7	4	3	9
8	1	6	3	7	5	9	2	4
7	4	5	6	9	2	3	8	1
9	2	3	8	4	1	5	7	6

252

5	2	7	9	4	6	8	3	1
8	9	3	5	1	2	4	6	7
6	4	1	3	7	8	9	2	5
4	8	2	7	5	1	6	9	3
1	6	9	2	8	3	5	7	4
7	3	5	4	6	9	2	1	8
3	7	6	8	9	4	1	5	2
9	5	4	1	2	7	3	8	6
2	1	8	6	3	5	7	4	9

253

1	7	4	5	2	6	3	9	8
8	5	9	3	7	4	2	6	1
2	3	6	9	8	1	4	5	7
7	8	2	4	6	5	9	1	3
5	4	1	7	9	3	6	8	2
6	9	3	2	1	8	7	4	5
9	1	5	6	3	7	8	2	4
3	2	8	1	4	9	5	7	6
4	6	7	8	5	2	1	3	9

254

9	6	4	1	3	2	5	8	7
2	3	8	6	7	5	4	9	1
5	1	7	4	8	9	3	6	2
1	8	6	7	9	4	2	3	5
3	7	5	2	1	8	6	4	9
4	2	9	3	5	6	1	7	8
8	4	3	5	2	7	9	1	6
7	5	1	9	6	3	8	2	4
6	9	2	8	4	1	7	5	3

255

9	4	5	3	8	2	7	1	6
1	7	8	9	4	6	3	5	2
6	3	2	5	7	1	9	8	4
7	6	1	2	5	9	4	3	8
8	2	3	7	6	4	5	9	1
4	5	9	1	3	8	6	2	7
3	8	6	4	2	5	1	7	9
2	1	7	6	9	3	8	4	5
5	9	4	8	1	7	2	6	3

256

9	4	3	6	1	5	7	2	8
2	8	1	3	7	9	4	6	5
5	6	7	4	2	8	1	9	3
6	5	8	2	3	4	9	1	7
7	2	9	5	8	1	6	3	4
3	1	4	9	6	7	5	8	2
8	3	5	7	9	6	2	4	1
1	7	6	8	4	2	3	5	9
4	9	2	1	5	3	8	7	6

257

5	6	4	2	8	9	7	1	3
9	7	1	5	6	3	4	8	2
3	2	8	1	4	7	5	6	9
1	4	9	3	5	6	8	2	7
7	5	3	9	2	8	1	4	6
2	8	6	4	7	1	3	9	5
6	3	7	8	9	4	2	5	1
4	1	2	6	3	5	9	7	8
8	9	5	7	1	2	6	3	4

258

6	9	7	5	3	4	8	1	2
8	4	3	2	1	7	6	5	9
5	2	1	8	6	9	4	3	7
3	7	5	6	2	8	1	9	4
4	6	8	1	9	3	2	7	5
9	1	2	4	7	5	3	8	6
1	5	9	3	4	2	7	6	8
2	8	6	7	5	1	9	4	3
7	3	4	9	8	6	5	2	1

259

7	1	8	5	3	9	4	2	6
3	2	6	4	7	1	9	5	8
9	4	5	8	2	6	1	7	3
8	6	4	2	1	7	3	9	5
1	7	3	9	8	5	6	4	2
5	9	2	3	6	4	7	8	1
4	8	9	6	5	3	2	1	7
2	3	7	1	9	8	5	6	4
6	5	1	7	4	2	8	3	9

260

7	9	3	2	4	6	8	1	5
4	8	1	5	7	9	2	6	3
2	6	5	3	1	8	9	7	4
3	5	6	9	2	4	7	8	1
1	4	7	6	8	3	5	2	9
8	2	9	7	5	1	4	3	6
5	3	2	4	6	7	1	9	8
9	1	4	8	3	2	6	5	7
6	7	8	1	9	5	3	4	2

261

2	4	5	7	8	9	6	1	3
7	6	1	3	5	2	8	9	4
3	8	9	6	1	4	5	7	2
9	7	3	2	6	5	4	8	1
8	1	2	4	9	7	3	6	5
6	5	4	1	3	8	9	2	7
5	2	7	8	4	6	1	3	9
1	9	6	5	2	3	7	4	8
4	3	8	9	7	1	2	5	6

262

4	3	2	1	8	5	9	6	7
7	1	9	2	3	6	4	5	8
6	5	8	9	7	4	3	2	1
1	7	6	4	5	9	2	8	3
8	9	5	3	2	7	1	4	6
2	4	3	8	6	1	5	7	9
3	6	1	7	4	2	8	9	5
9	2	7	5	1	8	6	3	4
5	8	4	6	9	3	7	1	2

263

6	9	8	7	5	1	4	3	2
2	7	1	4	8	3	6	9	5
3	4	5	6	9	2	1	8	7
8	6	4	3	2	7	5	1	9
5	2	7	8	1	9	3	6	4
1	3	9	5	6	4	7	2	8
4	8	2	1	7	6	9	5	3
7	5	6	9	3	8	2	4	1
9	1	3	2	4	5	8	7	6

264

4	5	6	9	3	8	1	2	7
1	7	9	5	2	4	8	3	6
2	3	8	1	7	6	4	5	9
7	6	2	4	1	9	3	8	5
5	1	3	6	8	2	7	9	4
8	9	4	7	5	3	6	1	2
9	2	7	8	4	1	5	6	3
3	8	5	2	6	7	9	4	1
6	4	1	3	9	5	2	7	8

265

8	1	6	5	4	9	7	3	2
4	2	9	7	6	3	1	5	8
7	3	5	1	2	8	9	6	4
5	7	8	3	9	4	6	2	1
6	9	3	8	1	2	5	4	7
1	4	2	6	5	7	8	9	3
3	5	7	4	8	6	2	1	9
2	8	1	9	3	5	4	7	6
9	6	4	2	7	1	3	8	5

266

7	1	4	8	9	3	2	6	5
2	6	9	1	5	4	8	7	3
5	8	3	6	7	2	9	4	1
1	3	6	4	8	9	7	5	2
9	7	8	5	2	6	1	3	4
4	2	5	3	1	7	6	9	8
6	5	2	7	3	1	4	8	9
8	4	1	9	6	5	3	2	7
3	9	7	2	4	8	5	1	6

267

5	2	4	1	8	7	6	3	9
9	1	3	6	4	5	8	2	7
8	7	6	9	3	2	5	1	4
6	9	7	4	2	1	3	5	8
1	4	8	5	7	3	9	6	2
3	5	2	8	6	9	4	7	1
4	6	1	2	5	8	7	9	3
7	8	9	3	1	6	2	4	5
2	3	5	7	9	4	1	8	6

268

5	4	8	1	2	9	6	3	7
7	2	1	3	6	5	8	4	9
9	3	6	8	7	4	2	1	5
3	5	9	6	8	1	7	2	4
6	8	4	2	9	7	1	5	3
2	1	7	4	5	3	9	8	6
1	9	2	5	4	6	3	7	8
8	7	5	9	3	2	4	6	1
4	6	3	7	1	8	5	9	2

269

8	3	7	9	4	1	5	2	6
4	2	9	6	5	8	3	1	7
6	5	1	3	2	7	9	4	8
7	9	6	2	1	3	4	8	5
2	1	4	5	8	9	7	6	3
3	8	5	7	6	4	2	9	1
5	4	3	8	9	6	1	7	2
9	7	8	1	3	2	6	5	4
1	6	2	4	7	5	8	3	9

270

6	9	7	5	1	2	4	8	3
3	8	2	4	9	7	6	1	5
1	4	5	6	3	8	2	7	9
9	1	3	2	7	5	8	4	6
2	7	4	8	6	3	5	9	1
5	6	8	1	4	9	7	3	2
4	5	9	3	8	6	1	2	7
8	3	6	7	2	1	9	5	4
7	2	1	9	5	4	3	6	8

271

6	8	4	3	9	5	7	2	1
7	2	1	8	4	6	5	3	9
5	9	3	7	2	1	6	4	8
9	6	8	2	7	3	4	1	5
4	3	7	5	1	9	2	8	6
2	1	5	6	8	4	3	9	7
3	5	9	1	6	2	8	7	4
8	4	2	9	5	7	1	6	3
1	7	6	4	3	8	9	5	2

272

3	2	5	1	8	4	9	6	7
9	4	6	3	7	2	1	8	5
1	7	8	9	5	6	4	3	2
7	5	1	2	6	8	3	4	9
4	8	3	7	1	9	5	2	6
2	6	9	4	3	5	8	7	1
8	9	7	6	4	1	2	5	3
6	1	4	5	2	3	7	9	8
5	3	2	8	9	7	6	1	4

273

7	1	5	6	4	2	3	8	9
9	2	4	8	1	3	6	7	5
6	8	3	7	5	9	1	4	2
2	4	6	3	7	8	5	9	1
1	5	7	4	9	6	2	3	8
8	3	9	1	2	5	7	6	4
3	9	2	5	6	4	8	1	7
4	7	8	2	3	1	9	5	6
5	6	1	9	8	7	4	2	3

274

5	1	9	4	2	8	7	3	6
6	2	8	9	7	3	1	5	4
3	7	4	6	1	5	9	8	2
7	3	1	2	5	6	8	4	9
8	6	5	1	4	9	3	2	7
9	4	2	8	3	7	6	1	5
1	8	6	5	9	2	4	7	3
2	9	7	3	8	4	5	6	1
4	5	3	7	6	1	2	9	8

275

4	7	8	6	2	9	5	3	1
9	6	2	3	1	5	7	8	4
3	5	1	4	7	8	2	6	9
6	3	7	5	8	4	9	1	2
1	4	5	9	6	2	8	7	3
2	8	9	1	3	7	4	5	6
5	2	6	7	4	1	3	9	8
7	1	4	8	9	3	6	2	5
8	9	3	2	5	6	1	4	7

276

8	7	5	3	1	4	2	6	9
6	3	1	9	8	2	4	7	5
9	4	2	5	7	6	8	3	1
7	8	3	6	5	1	9	4	2
5	2	4	8	3	9	7	1	6
1	6	9	2	4	7	5	8	3
2	1	7	4	9	3	6	5	8
4	9	8	1	6	5	3	2	7
3	5	6	7	2	8	1	9	4

277

3	4	7	5	9	6	8	1	2
5	6	9	2	8	1	7	4	3
1	8	2	7	4	3	9	6	5
8	1	4	9	5	7	3	2	6
6	2	5	8	3	4	1	7	9
9	7	3	1	6	2	4	5	8
7	5	6	3	1	8	2	9	4
2	9	8	4	7	5	6	3	1
4	3	1	6	2	9	5	8	7

278

9	3	5	1	8	7	6	4	2
1	4	8	2	6	5	7	9	3
7	2	6	3	9	4	1	5	8
5	1	9	8	7	6	2	3	4
2	8	3	5	4	1	9	7	6
4	6	7	9	2	3	5	8	1
8	7	1	4	5	2	3	6	9
3	5	4	6	1	9	8	2	7
6	9	2	7	3	8	4	1	5

279

3	4	9	2	1	5	6	8	7
2	7	5	8	4	6	9	3	1
6	1	8	3	9	7	5	2	4
4	6	2	1	7	8	3	9	5
8	9	3	6	5	4	1	7	2
1	5	7	9	3	2	8	4	6
7	8	4	5	6	3	2	1	9
9	3	6	7	2	1	4	5	8
5	2	1	4	8	9	7	6	3

280

1	8	6	2	7	9	5	4	3
9	5	2	3	6	4	8	7	1
3	7	4	8	5	1	6	2	9
5	4	9	7	1	3	2	6	8
2	1	7	6	8	5	9	3	4
6	3	8	4	9	2	7	1	5
7	9	3	1	2	8	4	5	6
8	2	1	5	4	6	3	9	7
4	6	5	9	3	7	1	8	2

281

7	3	9	4	6	5	2	8	1
2	8	5	1	7	3	4	6	9
4	1	6	8	9	2	7	5	3
5	4	1	2	8	6	9	3	7
8	7	2	5	3	9	1	4	6
6	9	3	7	4	1	8	2	5
9	5	4	3	2	7	6	1	8
1	2	7	6	5	8	3	9	4
3	6	8	9	1	4	5	7	2

282

6	2	4	1	3	7	9	5	8
7	8	3	9	4	5	1	6	2
9	5	1	6	8	2	4	3	7
8	6	2	5	1	3	7	4	9
4	3	9	7	6	8	5	2	1
5	1	7	4	2	9	3	8	6
1	7	6	8	5	4	2	9	3
3	4	8	2	9	1	6	7	5
2	9	5	3	7	6	8	1	4

283

2	3	1	9	8	5	6	4	7
8	9	7	6	3	4	5	1	2
4	6	5	2	7	1	3	8	9
3	8	9	1	5	6	7	2	4
1	2	4	7	9	3	8	5	6
5	7	6	8	4	2	9	3	1
9	5	2	4	6	8	1	7	3
6	1	3	5	2	7	4	9	8
7	4	8	3	1	9	2	6	5

284

3	1	5	4	7	9	2	8	6
4	7	8	3	2	6	9	5	1
2	9	6	8	5	1	4	3	7
9	8	7	2	4	3	6	1	5
6	5	4	1	9	7	3	2	8
1	2	3	5	6	8	7	9	4
5	6	1	7	3	2	8	4	9
8	3	9	6	1	4	5	7	2
7	4	2	9	8	5	1	6	3

285

1	3	2	7	8	9	4	5	6
5	8	9	2	4	6	3	7	1
4	6	7	1	3	5	2	8	9
2	5	4	9	7	1	6	3	8
8	7	6	5	2	3	9	1	4
3	9	1	4	6	8	5	2	7
6	1	8	3	5	4	7	9	2
9	2	5	6	1	7	8	4	3
7	4	3	8	9	2	1	6	5

286

6	9	7	5	4	8	3	2	1
8	4	1	7	3	2	6	5	9
3	2	5	6	1	9	4	8	7
7	1	8	9	2	3	5	6	4
5	3	2	4	6	1	7	9	8
9	6	4	8	5	7	1	3	2
1	5	3	2	9	4	8	7	6
2	7	6	1	8	5	9	4	3
4	8	9	3	7	6	2	1	5

287

7	8	9	1	5	3	4	6	2
2	3	4	6	8	7	5	1	9
5	1	6	9	2	4	7	8	3
4	2	1	7	3	8	9	5	6
9	5	7	2	1	6	8	3	4
8	6	3	4	9	5	1	2	7
3	9	2	5	7	1	6	4	8
6	7	5	8	4	2	3	9	1
1	4	8	3	6	9	2	7	5

288

6	4	3	7	2	8	5	9	1
1	9	8	3	5	4	2	6	7
2	7	5	1	9	6	8	4	3
4	8	9	6	1	5	7	3	2
7	5	2	4	3	9	1	8	6
3	6	1	2	8	7	4	5	9
9	2	7	5	4	3	6	1	8
5	3	6	8	7	1	9	2	4
8	1	4	9	6	2	3	7	5

289

2	6	5	9	1	7	8	3	4
4	8	7	3	6	2	5	1	9
3	9	1	5	8	4	2	7	6
1	7	3	8	9	6	4	5	2
5	4	6	2	7	1	3	9	8
8	2	9	4	3	5	1	6	7
9	5	8	6	4	3	7	2	1
7	3	4	1	2	9	6	8	5
6	1	2	7	5	8	9	4	3

290

3	9	6	4	2	1	7	8	5
5	2	7	8	3	9	1	6	4
4	1	8	7	5	6	9	2	3
8	3	4	5	6	7	2	1	9
7	6	2	1	9	3	5	4	8
9	5	1	2	8	4	3	7	6
1	4	3	6	7	5	8	9	2
2	7	9	3	4	8	6	5	1
6	8	5	9	1	2	4	3	7

291

4	2	7	3	8	9	5	6	1
6	9	1	7	5	4	3	2	8
3	5	8	2	1	6	7	4	9
2	6	5	8	4	7	9	1	3
1	7	9	5	6	3	2	8	4
8	4	3	1	9	2	6	7	5
7	8	2	4	3	5	1	9	6
5	1	6	9	7	8	4	3	2
9	3	4	6	2	1	8	5	7

292

2	5	7	6	8	9	4	3	1
1	3	8	2	4	7	5	9	6
4	6	9	5	1	3	2	7	8
7	9	2	8	3	1	6	4	5
6	8	1	7	5	4	3	2	9
3	4	5	9	6	2	1	8	7
8	1	4	3	9	6	7	5	2
5	7	3	1	2	8	9	6	4
9	2	6	4	7	5	8	1	3

293

9	7	4	8	1	3	6	5	2
6	2	5	9	4	7	8	3	1
1	8	3	5	6	2	4	9	7
7	4	9	1	8	6	5	2	3
3	6	1	2	5	9	7	4	8
2	5	8	7	3	4	1	6	9
5	1	2	4	9	8	3	7	6
8	9	6	3	7	5	2	1	4
4	3	7	6	2	1	9	8	5

294

2	7	9	6	3	5	1	4	8
6	5	8	4	7	1	3	2	9
4	3	1	9	2	8	6	5	7
8	2	3	1	4	9	5	7	6
7	4	5	3	8	6	9	1	2
9	1	6	2	5	7	4	8	3
3	6	7	5	1	2	8	9	4
1	9	2	8	6	4	7	3	5
5	8	4	7	9	3	2	6	1

295

6	1	8	4	3	9	2	7	5
7	9	3	2	8	5	1	4	6
2	4	5	1	6	7	9	8	3
5	2	7	3	4	8	6	1	9
9	3	6	7	5	1	8	2	4
4	8	1	9	2	6	5	3	7
3	5	4	6	1	2	7	9	8
1	6	9	8	7	3	4	5	2
8	7	2	5	9	4	3	6	1

296

8	6	5	7	1	2	4	9	3
7	9	2	3	4	5	8	6	1
4	1	3	8	9	6	2	7	5
2	4	8	9	7	3	1	5	6
6	3	9	2	5	1	7	4	8
1	5	7	4	6	8	3	2	9
9	2	1	6	3	4	5	8	7
5	7	4	1	8	9	6	3	2
3	8	6	5	2	7	9	1	4

297

9	2	5	4	8	1	6	7	3
6	7	1	2	3	9	4	5	8
3	8	4	5	7	6	9	1	2
1	4	7	3	5	2	8	6	9
8	6	2	9	1	7	5	3	4
5	3	9	6	4	8	7	2	1
2	1	6	7	9	4	3	8	5
4	5	8	1	6	3	2	9	7
7	9	3	8	2	5	1	4	6

298

3	1	8	4	7	2	6	9	5
9	6	7	5	1	3	2	4	8
2	4	5	9	8	6	7	3	1
4	8	1	7	5	9	3	6	2
7	3	6	8	2	1	4	5	9
5	9	2	6	3	4	8	1	7
6	2	3	1	9	7	5	8	4
1	5	4	2	6	8	9	7	3
8	7	9	3	4	5	1	2	6

299

6	2	4	7	1	10	11	5	9	12	3	8
8	3	5	9	12	6	7	2	1	4	11	10
10	11	12	1	4	8	3	9	2	5	7	6
3	1	11	12	9	4	5	10	7	8	6	2
2	6	10	5	7	1	12	8	11	9	4	3
9	4	7	8	6	11	2	3	12	10	5	1
11	10	9	2	3	5	4	12	8	6	1	7
1	5	8	4	11	7	10	6	3	2	12	9
12	7	6	3	2	9	8	1	4	11	10	5
4	8	2	11	10	3	6	7	5	1	9	12
5	9	3	10	8	12	1	11	6	7	2	4
7	12	1	6	5	2	9	4	10	3	8	11

300

1	9	6	11	3	12	7	8	10	2	5	4
12	3	10	2	11	5	4	9	6	8	7	1
5	7	4	8	2	10	1	6	11	12	3	9
3	11	1	10	4	6	5	7	12	9	2	8
2	5	8	7	10	11	9	12	4	1	6	3
6	4	9	12	8	1	2	3	5	7	11	10
10	2	12	3	9	8	6	4	7	11	1	5
8	1	11	4	5	7	12	10	3	6	9	2
9	6	7	5	1	3	11	2	8	4	10	12
11	8	2	9	7	4	3	5	1	10	12	6
7	10	5	6	12	2	8	1	9	3	4	11
4	12	3	1	6	9	10	11	2	5	8	7